Ministério Público

Legislação Institucional em notas remissivas

S729m   Souza, Octavio Augusto Simon de
        Ministério Público: legislação institucional em notas remissivas / Octavio Augusto Simon de Souza. — Porto Alegre: Livraria do Advogado, 2000.
        181 p. 16x23cm.

        Contém Leis Orgânicas Nacional e Estadual, Estatuto do Ministério Público, Constituições Federal e Estadual e Legislação Complementar Estadual.
        Atual. até ago. 1999.
        ISBN 85-7348-133-1

        1. Ministério Público. I. Título.
                                CDU   347.963

        Índice para catálogo sistemático
        Ministério Público

(Bibliotecária responsável: Marta Roberto, CRB-10/652)

Octavio Augusto Simon de Souza

MINISTÉRIO PÚBLICO
Legislação Institucional em notas remissivas

Leis Orgânicas Nacional e Estadual
Estatuto do Ministério Público
Constituições Federal e Estadual
Legislação Complementar Estadual

Atualização até agosto de 1999

livraria
DO ADVOGADO
editora

Porto Alegre 2000

© Octavio Augusto Simon de Souza, 2000

Capa, projeto gráfico e composição
Livraria do Advogado Editora

Revisão
Rosane Marques Borba

Direitos desta edição reservados por
Livraria do Advogado Ltda.
Rua Riachuelo, 1338
90010-273 Porto Alegre RS
Fone/fax: 0800-51-7522
E-mail: info@doadvogado.com.br
Internet: www.doadvogado.com.br

Impresso no Brasil / Printed in Brazil

*Este livro é dedicado a
Nossa Senhora da Conceição,
Rainha da Paz e do Perpétuo Socorro.*

Agradecimentos

Seria impossível a realização das anotações deste livro sem o apoio e a alegria das meninas do Gabinete de Pesquisa e Planejamento da Procuradoria-Geral de Justiça, que têm me ajudado sempre que solicitadas, desde que ingressei no Ministério Público em 1979. A elas o meu muito obrigado, nunca suficiente para expressar a realidade.

Outro agradecimento especial é endereçado ao Professor Adalberto Kaspary, que gentilmente me recebeu em sua casa e reordenou as remissões que estavam sendo feitas e a forma de apresentação do trabalho.

Dirijo a minha saudação à Fundação Escola Superior do Ministério Público, da qual fui Diretor por três anos. Ela é uma das vigas mestras do Ministério Público, formadora de novos valores, e é nela que se delineia o perfil ideológico da Instituição. Essa responsabilidade recai sobre os ombros de todos aqueles que lá trabalham, sejam Diretores, funcionários, Conselheiros ou professores. De nada valem o conhecimento da técnica do Direito e os instrumentos processuais à disposição do profissional, se não forem usados com responsabilidade e dentro da moral e do bem comum.

Não se tem um Promotor de Justiça só pelo fato de ter passado no Concurso e tomado posse. Faz-se ele pela vocação de servir a sociedade pelo simples fato de servi-la, com honradez e probidade, agindo com isenção, responsabilidade, equilíbrio e bom-senso, sem nunca adentrar no terreno da omissão, pois esta atenta contra a cidadania e cria na sociedade o gosto amargo da impunidade. Cabe a cada um cumprir a sua parte, de modo que a Instituição seja respeitável e respeitada.

Também saúdo e agradeço ao Ministério Público, ao qual pertenci por 20 anos e que me proporcionou servir a sociedade do meu Estado. Aqui, fica ele representado pelo Dr. Mondercil Paulo de Moraes, meu Professor de Direito Penal e Corregedor-Geral do Ministério Público (e depois Procurador-Geral) quando do meu ingresso na Instituição.

O art. 22 do Estatuto do Ministério Público dispõe que "No ato de posse, o Promotor de Justiça prestará o seguinte compromisso: Ao assumir o cargo de Promotor de Justiça do Rio Grande do Sul, prometo, pela minha dignidade e honra, desempenhar com retidão as funções do meu cargo e cumprir a Constituição e as leis".

Penso ter cumprido essa promessa, Dr. Mondercil!

Não posso deixar de mencionar o Dr. Sérgio Luiz Nasi, eminente Procurador de Justiça junto ao Tribunal Militar do Estado, que ajudou a minha integração a essa Corte e a considerar a Justiça Militar como indispensável ao ordenamento jurídico e à manutenção da hierarquia e da disciplina nas Polícias Militares.

Por fim, mas não por último, agradeço à minha família, pelo apoio moral e incentivo dados para a elaboração deste trabalho, sem a qual não teria havido a tranqüilidade necessária para a consecução deste objetivo.

Siglas

ADCT	Ato das Disposições Constitucionais Transitórias
CDC	Código de Defesa do Consumidor
CE	Constituição Estadual
CF	Constituição Federal
CP	Código Penal
CPM	Código Penal Militar
CPC	Código de Processo Civil
CPP	Código de Processo Penal
CPPM	Código de Processo Penal Militar
DOE	Diário Oficial do Estado
ECA	Estatuto da Criança e do Adolescente
EC	Emenda Constitucional
EMP	Estatuto do Ministério Público do Rio Grande do Sul (Lei nº 6.536/73)
EOAB	Estatuto da Ordem dos Advogados do Brasil (Lei nº 8.906/94)
ESTJ	Ementário do Superior Tribunal de Justiça
LAC	Lei de Ação Civil Pública (Lei nº 7.347/85)
LC	Lei Complementar
LEP	Lei de Execuções Penais
LO	Lei Orgânica Estadual (Lei nº 7.669/82)
LOMAN	Lei Orgânica da Magistratura Nacional (Lei Complementar nº 35/79)
LON	Lei Orgânica Nacional
RMP	Revista do Ministério Público
RSTJ	Revista do Superior Tribunal de Justiça
RTJ	Revista Trimestral de Jurisprudência
STF	Supremo Tribunal Federal

Prefácio

Entre emocionado, pelo gesto de carinho e amizade revelado pelo autor, ao escolher-me em meio a tantos, sumamente honrado, porque a apresentação de uma obra significa uma distinção ímpar, e ciente da responsabilidade que me foi atribuída, diante da importância do presente trabalho, recebi a missão, que se mostra ao mesmo tempo árdua e fácil. Espinhosa, porque devo retratar, em estreito relato, o perfil do autor e as características da obra. Por outro lado, fácil porque Octavio Augusto Simon de Souza, conhecido em nosso mundo jurídico, dispensa apresentações, e porque a excelência da obra fala por si.

Começo pelo autor. Octavio Augusto é destes jovens inquietos, que sempre está à procura do melhor. Talentoso, dedicado, extremamente ativo e objetivo, sempre se houve com destaque nas atividades que desempenhou. Com brilho, honrou o Ministério Público gaúcho, onde serviu de exemplo a seus colegas, magistrados, advogados e discípulos, quer como Promotor de Justiça, quer como Procurador de Justiça, quer como Professor. Sempre se lhe confiaram várias atividades de relevo, tendo emprestado sua inteligência especialmente como Coordenador das Promotorias Criminais, Promotor-Corregedor e Diretor da Escola Superior do Ministério Público. De igual modo, apaixonado pela Instituição, dedicou-se à vida associativa, na condição de tesoureiro da entidade. Por suas inegáveis virtudes, foi escolhido, dentre seus pares, para integrar o Tribunal Militar do Estado do Rio Grande do Sul, onde tem marcado sua presença, através de primorosos julgados, tanto pelos conhecimentos jurídicos revelados, como pela sensibilidade com que enfrenta as peculiaridades do caso concreto.

A obra, por sua vez, é um sinal de reconhecimento de Octavio Augusto à grandeza e importância do Ministério Público, revelando sua reverência e amor à Instituição que o abrigou durante tantos anos. Ciente da crescente importância do Ministério Público, dedicou-lhe carinho especial. E agiu com acerto, porque somente haverá democracia plena, se tivermos, ao lado do Judiciário, um Ministério Público forte e independente, livre de pressões de quaisquer matizes e amparado em texto constitucional respeitado.

Como é próprio do autor, Octavio Augusto, em seu "Ministério Público - Legislação Institucional em Notas Remissivas", preocupou-se exclusivamente com seus leitores, deixando de lado a vaidade pessoal, tão compreensível em juristas de seu porte, a par de apresentar-se despojado de erudição e de ensinamentos doutrinários, não porque lhe faltassem condições, mas dado o caráter da obra a que se propôs. Octavio Augusto, com esta produção, veio suprir uma lacuna na estante dos estudiosos e profissionais do Direito, ao dissecar a legislação institucional, artigo por artigo, com remissões pertinentes, oportunas e completas, ao pé de cada dispositivo legal, reservando-se para complementar, com rápidos comentários, somente onde estes se impunham, por sua total indispensabilidade. Lança o autor um guia seguro, eminentemente remissivo, de consulta obrigatória, para aqueles que querem efetivamente conhecer o Ministério Público.

Por fim, só resta dizer que esta publicação merece os mais respeitosos aplausos de todos nós e somente com sua leitura poder-se-á avaliar o seu alcance, permitindo-nos sentir a imprescindibilidade do Ministério Público, nos dias de hoje, como o real guardião da ordem jurídica, do regime democrático e dos interesses sociais e individuais indisponíveis, como consagrado no texto constitucional, e que tão bem foi traduzido pelo autor, em inesquecível manifestação de respeito e reconhecimento à Instituição, mesmo já na condição de magistrado.

Luís Carlos Avila de Carvalho Leite
Desembargador do Tribunal de Justiça do
Estado do Rio Grande do Sul

Índice

Introdução 17
**LEI ORGÂNICA NACIONAL DO MINISTÉRIO PÚBLICO
(Lei nº 8.625, de 12/02/93)** 19
  Das Disposições Gerais (arts. 1º a 4º) 19
  Da Organização do Ministério Público 21
    Dos Órgãos de Administração (arts. 5º e 6º) 21
    Dos Órgãos de Execução (art. 7º) 22
    Dos Órgãos Auxiliares (art. 8º) 22
  Dos Órgãos de Administração 22
    Da Procuradoria-Geral de Justiça (arts. 9º a 11) . 22
    Do Colégio de Procuradores de Justiça (arts. 12 e 13) . 25
    Do Conselho Superior do Ministério Público (arts. 14 e 15) . 28
    Da Corregedoria-Geral do Ministério Público (arts. 16 a 18) . 29
    Das Procuradorias de Justiça (arts. 19 a 22) 31
    Das Promotorias de Justiça (arts. 23 e 24) 32
  Das Funções dos Órgãos de Execução 32
    Das Funções Gerais (arts. 25 a 27) 32
    Do Procurador-Geral de Justiça (art. 29) 36
    Do Conselho Superior do Ministério Público (art. 30) . 37
    Dos Procuradores de Justiça (art. 31) 37
    Dos Promotores de Justiça (art. 32) 37
  Dos Órgãos Auxiliares 38
    Dos Centros de Apoio Operacional (art. 33) 38
    Da Comissão de Concurso (art. 34) 38
    Do Centro de Estudos e Aperfeiçoamento Funcional (art. 35) . 39
    Dos Órgãos de Apoio Administrativo (art. 36) 39
    Dos Estagiários (art. 37) 39
  Das Garantias e Prerrogativas dos Membros do Ministério Público . 40
    Das Garantias (arts. 38 e 39) 40
    Das Prerrogativas (arts. 40 a 42) 41
  Dos Deveres e Vedações dos Membros do Ministério Público . 43
    Dos Deveres (art. 43) 43
    Das Vedações (art. 44) 44
  Dos Vencimentos, Vantagens e Direitos 45
    Dos Vencimentos (arts. 45 a 49) 45
    Das Vantagens (art. 50) 46
    Dos Direitos (arts. 51 a 58) 47
  Da Carreira 49
    Do Ingresso (art. 59) 49

Da Impugnação ao Vitaliciamento (art. 60) 50
Da Remoção e da Promoção (arts. 61 a 64) 50
Da Convocação (art. 65) 51
Da Reintegração (art. 66) 52
Da Reversão (art. 67) 52
Do Aproveitamento (art. 68) 52
Das Disposições Finais e Transitórias (arts. 69 a 84) 52

LEI ORGÂNICA DO MINISTÉRIO PÚBLICO DO RIO GRANDE DO SUL
(Lei nº 7.669, de 17/06/82) 55
Das Disposições Preliminares (arts. 1º e 2º) 55
Da Organização do Ministério Público 57
Dos Órgãos do Ministério Público (art. 3º) 57
Da Procuradoria-Geral de Justiça (arts. 4º a 7º) 58
Do Colégio de Procuradores (arts. 8º a 10) 62
Do Conselho Superior (arts. 11 e 12) 66
Da Corregedoria-Geral do Ministério Público (arts. 13 a 15) 68
Dos Órgãos Auxiliares 70
Do Gabinete da Procuradoria-Geral de Justiça (art. 16) 70
Dos Subprocuradores-Gerais de Justiça (art. 17) 70
Da Assessoria e do Gabinete de Pesquisa e Planejamento (art. 18) 72
Da Procuradoria de Fundações (art. 19) 73
Das Coordenadorias de Promotorias (art. 20) 73
Dos Órgãos de Administração do Ministério Público 78
Das Procuradorias de Justiça (arts. 21 e 22) 78
Dos Promotores de Justiça (art. 23) 80
Dos Auxiliares do Ministério Público (art. 24) 80
Das Atribuições e Prerrogativas dos Órgãos do Ministério Público 81
Do Procurador-Geral de Justiça (art. 25) 81
Do Órgão Especial do Colégio de Procuradores (art. 26 - revogado) 88
Do Conselho Superior (art. 27) 88
Do Corregedor-Geral do Ministério Público (art. 28) 92
Dos Procuradores de Justiça (art. 29) 94
Dos Promotores de Justiça (art. 30 a 33) 96
Das Prerrogativas (art. 34) 103
Dos Auxiliares do Ministério Público (art. 35) 103
Das Disposições Especiais e Transitórias (arts. 36 a 43) 104

ESTATUTO DO MINISTÉRIO PÚBLICO DO RIO GRANDE DO SUL
(Lei nº 6.536, de 31/01/73) 111
Disposições Preliminares 111
Da Abrangência do Estatuto (art. 1º) 111
Dos Degraus da Carreira (art. 2º) 111
Das Garantias (art. 3º) 111
Das Vedações (art. 4º) 112
Da Carreira 112
Do Concurso de Ingresso (arts. 5º a 19) 112
Da Nomeação (art. 20) 118
Da Posse (arts. 21 a 24) 119
Do Exercício e do Estágio Probatório (art. 25) 120
Da Promoção (arts. 26 a 31) 121
Da Remoção (arts. 32 a 37) 124

Da Reintegração (art. 38) 126
Da Readmissão (arts. 39 a 41) 126
Da Reversão (art. 42) 127
Do Aproveitamento (arts. 43 a 45) 127
Do Afastamento do Cargo (arts. 46 e 47) 128
Da Aposentadoria (arts. 48 a 50) 129
Da Exoneração (art. 51) 130
Do Tempo de Serviço (arts. 52 a 54) 130
Dos Deveres, Direitos e Vantagens 132
　Dos Deveres (art. 55) 132
　Do Direito de Petição (art. 56) 133
　Das Garantias e Prerrogativas (arts. 57 a 60) 133
　Dos Vencimentos (arts. 61 a 63) 135
　Das Vantagens Pecuniárias (art. 64) 136
　　Das Gratificações (arts. 65 a 77) 137
　　Da Ajuda de Custo (art. 78) 140
　　Das Diárias (art. 79) 141
　　Do Auxílio Funeral (art. 80) 141
　　Da Pensão (arts. 81 a 87) 142
　Das Vantagens Não Pecuniárias (art. 88) 143
　　Das Férias (arts. 89 a 95) 144
　　Da Licença para Tratamento de Saúde (art. 96) 145
　　Da Licença por Doença em Pessoa da Família (arts. 97 a 99) 145
　　Da Licença para Tratar de Interesses Particulares (arts. 100 a 102) 146
　　Da Licença-Prêmio (art. 103) 146
　　Do Afastamento para Aperfeiçoamento (art. 104) 147
　　Do Transporte (arts. 105 a 107) 147
　　Da Licença à Gestante (art. 108) 147
Das Correições e das Normas Disciplinares 148
　Das Correições (arts. 109 a 113) 148
　Das Normas Disciplinares 149
　　Das Penalidades e sua Aplicação (arts. 114 a 125) 149
　　Das Normas Procedimentais (arts. 126 a 136) 152
　　Da Sindicância (arts. 137 a 139) 154
　　Do Processo Administrativo-Disciplinar (arts. 140 a 154) 155
　　Do Afastamento Preventivo (arts. 155 a 158) 157
　　Dos Recursos (arts. 159 a 164) 158
　　Da Revisão (arts. 165 a 174) 159
　　Da Reabilitação (arts. 175 e 176) 160
Disposições Gerais e Transitórias (arts. 177 a 184) 160

CONSTITUIÇÃO FEDERAL (arts. 127 a 130) 163

CONSTITUIÇÃO ESTADUAL (arts. 107 a 113) 167

LEGISLAÇÃO ESTADUAL COMPLEMENTAR 171
Lei nº 10.246, de 25 de agosto de 1994 171
Lei nº 11.282, de 18 de dezembro de 1998 171
Regulamento do Estágio Probatório do Ministério Público 174
Resolução nº 001/99 - Conselho Superior do Ministério Público 178
Súmulas do Conselho Superior do Ministério Público 180

Introdução

A idéia deste livro partiu dos meus alunos de Direito Institucional na Fundação Escola Superior do Ministério Público (FESMP), que, em suas avaliações ao final de vários semestres, sugeriam que as remissões à legislação institucional do Ministério Público fossem sistematizadas para melhor utilização. Basicamente, são eles a razão de ser deste trabalho e os seus primeiros destinatários.

É necessário esclarecer que a FESMP (que tem como um de seus objetivos a preparação de candidatos à carreira do Ministério Público) contempla, em sua estrutura curricular, a cadeira de Direito Institucional, que busca o exame detalhado das Leis Orgânica Nacional (LON) e Orgânica Estadual (LO), bem como do Estatuto do Ministério Público (EMP), além das Constituições Federal e Estadual, em suas especificidades.

Essa disciplina inexiste nas Faculdades de Direito. No entanto, perguntas sobre essa matéria são feitas na prova preambular e na prova oral do concurso para ingresso na carreira do Ministério Público, razão pela qual o estudo da legislação institucional é necessário para todos(as) aqueles(as) que pretendem vir a ser Promotores(as) de Justiça, na significação real do nome.

No decorrer do trabalho, foram utilizadas diversas siglas (ver lista anexa) para indicar as leis a que se referem os diferentes artigos citados. Assim, por exemplo, se o(a) leitor(a) tiver em mãos a LON (Lei Orgânica Nacional), cada menção a um artigo dessa mesma lei começa com a sigla LON; da mesma forma, se a remissão for à LO (Lei Orgânica Estadual) ou ao EMP (Estatuto do Ministério Público), e assim por diante. Esclareço que há vários artigos sem remissão em razão da obviedade do que é tratado ou por falta de correspondência em outra lei.

Não foi e não é fácil a tarefa (que o diga Giuliano Miranda Torres, a quem agradeço pela excelente digitação). Também não é tarefa acabada, porque as leis estaduais gaúchas estão sofrendo contínuas modificações para adequação à Lei Orgânica Nacional e à Constituição Federal. Além disso, somente o trabalho constante com essas leis e o seu estudo é que vão demonstrar se há necessidade de que sejam feitas novas remissões e/ou anotações, até porque não tive a pretensão de que pudesse esgotar a matéria, cuja discussão é sempre renovada nas aulas.

Assim, fica o convite a todos quantos utilizarem o livro: escrevam diretamente para a Editora ou para mim (e-mail: jmers@pro.via-rs.com.br), dando as suas impressões ou sugestões, de modo que o trabalho venha a ser aprimorado.

O autor.

Lei Orgânica Nacional do Ministério Público

LEI Nº 8.625, DE 12 DE FEVEREIRO DE 1993.

Institui a Lei Orgânica Nacional do Ministério Público, que dispõe sobre normas gerais para a organização do Ministério Público dos Estados, e dá outras providências.

- *Esta lei será citada com a sigla LON, doravante.*

CAPÍTULO I
Das Disposições Gerais

Art. 1º O Ministério Público é instituição permanente, essencial à função jurisdicional do Estado, incumbindo-lhe a defesa da ordem jurídica, do regime democrático e dos interesses sociais e individuais indisponíveis.

- *V. CF, art. 127; LC 75/93, art. 1º; CE, art. 107; LO, art. 1º.*

Parágrafo único. São princípios institucionais do Ministério Público a unidade, a indivisibilidade e a independência funcional.

- *V. CF, art. 127, § 1º; LC 75/93, art. 4º; LON, art. 41, V.*

Art. 2º Lei Complementar, denominada Lei Orgânica do Ministério Público, cuja iniciativa é facultada aos Procuradores-Gerais de Justiça dos Estados, estabelecerá, no âmbito de cada uma dessas unidades federativas, normas específicas de organização, atribuições e estatuto do respectivo Ministério Público.

- *V. CF, art. 127, § 2º, e art. 128, § 5º; CE, art. 108; LO (Lei nº 7.669, de 17/06/82 - Lei Orgânica Estadual).*

Parágrafo único. A organização, atribuições e estatuto do Ministério Público do Distrito Federal e Territórios serão objeto da Lei Orgânica do Ministério Público da União.

- *V. LC 75/93, arts. 149 a 181.*

Art. 3º Ao Ministério Público é assegurada autonomia funcional, administrativa e financeira, cabendo-lhe, especialmente:

- *V.* CF, arts. 85, II, 127, §§ 2º e 3º, 168 e 169; LC 75/93, art. 22; CE, art. 109 e seu parágrafo único, e art. 110; LO, art. 25, I, II, VI a VIII, XXXII, XXXIV e XXXV, LI e LV.

I - praticar atos próprios de gestão;

II - praticar atos e decidir sobre a situação funcional e administrativa do pessoal, ativo e inativo, da carreira e dos serviços auxiliares, organizados em quadros próprios;

III - elaborar suas folhas de pagamento e expedir os competentes demonstrativos;

IV - adquirir bens e contratar serviços, efetuando a respectiva contabilização;

V - propor ao Poder Legislativo a criação e a extinção de seus cargos, bem como a fixação e o reajuste dos vencimentos de seus membros;

- *V.* EC 19/98: seu art. 14 deu nova redação ao § 2º do art. 127 da Constituição Federal; LO, art. 2º, VI.

VI - propor ao Poder Legislativo a criação e a extinção dos cargos de seus serviços auxiliares, bem como a fixação e o reajuste dos vencimentos de seus servidores;

- *V.* EC 19/98: seu art. 14 deu nova redação ao § 2º do art. 127 da Constituição Federal; LO, art. 2º, VI.

VII - prover os cargos iniciais da carreira e dos serviços auxiliares, bem como nos casos de remoção, promoção e demais formas de provimento derivado;

- *V.* CF, arts. 37, II, e 127, § 2º; EC 19/98: seu art. 14 deu nova redação ao § 2º do art. 127 da Constituição Federal; LO, art. 2º, VI.

VIII - editar atos de aposentadoria, exoneração e outros que importem em vacância de cargos de carreira e dos serviços auxiliares, bem como os de disponibilidade de membros do Ministério Público e de seus servidores;

- *V.* art. 10, VII, adiante.

IX - organizar suas secretarias e os serviços auxiliares das Procuradorias e Promotorias de Justiça;

X - compor os seus órgãos de administração;

XI - elaborar seus regimentos internos;

- *V.* LO, art. 2º, XII.

XII - exercer outras competências dela decorrentes.

Parágrafo único. As decisões do Ministério Público fundadas em sua autonomia funcional, administrativa e financeira, obedecidas as formalidades legais, têm eficácia plena e executoriedade imediata, ressalvada a competência constitucional do Poder Judiciário e do Tribunal de Contas.

- *V.* CE, arts. 71 e 72; LO, art. 2º, I.

Art. 4º O Ministério Público elaborará sua proposta orçamentária dentro dos limites estabelecidos na Lei de Diretrizes Orçamentárias, encaminhando-a diretamente ao Governador do Estado, que a submeterá ao Poder Legislativo.
- *V.* CF, art. 127, § 3º; CE, art. 110; LO, art. 2º, § 2º.

§ 1º Os recursos correspondentes às suas dotações orçamentárias próprias e globais, compreendidos os créditos suplementares e especiais, ser-lhe-ão entregues até o dia vinte de cada mês, sem vinculação a qualquer tipo de despesa.
- *V.* CF, art. 168; LO, art. 2º, § 3º.

§ 2º A fiscalização contábil, financeira, orçamentária, operacional e patrimonial do Ministério Público, quanto à legalidade, legitimidade, economicidade, aplicação de dotações e recursos próprios e renúncia de receitas, será exercida pelo Poder Legislativo, mediante controle externo e pelo sistema de controle interno estabelecido na Lei Orgânica.
- *V.* CE, art. 108, § 3º; LO, art. 2º, § 4º.

CAPÍTULO II
Da Organização do Ministério Público

SEÇÃO I
Dos Órgãos de Administração

Art. 5º São órgãos da Administração Superior do Ministério Público:
- *V.* LO, art. 3º, § 1º.

I - a Procuradoria-Geral de Justiça;
- *V.* LON, art. 9º; LO, arts. 3º, § 1º, I, e 25.

II - o Colégio de Procuradores de Justiça;
- *V.* LON, arts. 12 e 13; LO, art. 3º, § 1º, II, e art. 8º.

III - o Conselho Superior do Ministério Público;
- *V.* LON, arts. 14 e 15; LO, art. 3º, § 1º, III, e arts. 11, 12 e 27.

IV - a Corregedoria-Geral do Ministério Público.
- *V.* LON, arts. 16 a 18; LO, arts. 13 a 15 e 28.

Art. 6º São também órgãos de Administração do Ministério Público:
- *V.* LON, arts. 19 a 23; LO, arts. 3º, § 2º, e 21 a 23.

I - as Procuradorias de Justiça;
- *V.* LON, arts. 19 a 22; LO, arts. 21 e 22.

II - as Promotorias de Justiça.
- *V.* LON, art. 23; LO, art. 23.

SEÇÃO II
Dos Órgãos de Execução

Art. 7º São órgãos de execução do Ministério Público:
- *V.* LO, art. 3º, § 3º.

I - o Procurador-Geral de Justiça;
- *V.* LON, art. 10, IX, letras *d* a *g*, e art. 29; LO, art. 4º.

II - o Conselho Superior do Ministério Público;
- *V.* LON, arts. 14 e 30; LO, arts. 11, 12 e 27.

III - os Procuradores de Justiça;
- *V.* LON, art. 31; LO, art. 29.

IV - os Promotores de Justiça.
- *V.* LON, arts. 24 e 32; LO, arts. 30 a 33.

SEÇÃO III
Dos Órgãos Auxiliares

Art. 8º São órgãos auxiliares do Ministério Público, além de outros criados pela Lei Orgânica:
- *V.* LO, art. 3º, § 4º.
- Atente-se para a expressão "além de outros".

I - os Centros de Apoio Operacional;
- *V.* LON, art. 9º, IX, *a*, e art. 33; LO, art. 3º, § 4º, III.

II - a Comissão de Concurso;
- *V.* LON, art. 34; EMP, art. 6º, § 5º, e art. 8º.

III - o Centro de Estudos e Aperfeiçoamento Funcional;
- *V.* LON, art. 35.
- No Rio Grande do Sul, é a Fundação Escola Superior do Ministério Público (entidade privada, criada em 1983) que tem exercido as atribuições do Centro, que não está formalmente constituído.

IV - os órgãos de apoio administrativo;
- *V.* LON, art. 36; LO, art. 3º, § 4º, VII.

V - os estagiários.
- *V.* LON, art. 37; LO, art. 3º, § 4º, VIII, e arts. 24 e 35.

CAPÍTULO III
Dos Órgãos de Administração

SEÇÃO I
Da Procuradoria-Geral de Justiça

Art. 9º Os Ministérios Públicos dos Estados formarão lista tríplice, dentre integrantes da carreira, na forma da lei respectiva, para escolha de seu Procurador-Geral, que será nomeado pelo Chefe do Poder Executivo, para mandato de dois anos, permitida uma recondução, observado o mesmo procedimento.

- *V.* CF, art. 128, § 3°; CE, art. 108; LO, art. 4°.

§ 1° A eleição da lista tríplice far-se-á mediante voto plurinominal de todos os integrantes da carreira.

- *V.* LO, art. 4°, § 3°.

§ 2° A destituição do Procurador-Geral de Justiça, por iniciativa do Colégio de Procuradores, deverá ser precedida de autorização de um terço dos membros da Assembléia Legislativa.

- *V.* CF, art. 128, § 4°; LON, art. 12, IV; LO, arts. 7° e 8°, II.
- Há entendimento de que este parágrafo é inconstitucional. Contudo, ele está conforme com a idéia de garantia do Procurador-Geral de Justiça, de acordo com os seguintes passos:
  1. Cabe a qualquer cidadão a iniciativa de levar ao Colégio de Procuradores a prática de abuso de poder por parte do Procurador-Geral de Justiça, sendo, conforme a parte final do inc. IV do art. 12, necessário que o processo de impedimento tenha início por proposta da maioria absoluta do Colégio de Procuradores. Além disso, a Assembléia Legislativa deverá autorizar, por 1/3 de seus membros, que essa proposta tenha seguimento.
  2. Dada a autorização, o processo de impedimento tem andamento, com a decisão final a ser tomada por, pelo menos, 2/3 dos integrantes do Colégio de Procuradores, conforme o inc. IV do art. 12 da LON.
  3. Acolhida a proposta de impedimento, será novamente encaminhada à Assembléia Legislativa, para decisão conforme a CF, art. 128, 4°.
  É a Assembléia Legislativa que destitui o Procurador-Geral de Justiça do mandato.

§ 3° Nos seus afastamentos e impedimentos o Procurador-Geral de Justiça será substituído na forma da Lei Orgânica.

- *V.* LO, art. 6° e § 2°, e art. 17, § 1°, I, e § 2°, I; EMP, art. 8°, §§ 3° e 4°, e art. 74.

§ 4° Caso o Chefe do Poder Executivo não efetive a nomeação do Procurador-Geral de Justiça, nos quinze dias que se seguirem ao recebimento da lista tríplice, será investido automaticamente no cargo o membro do Ministério Público mais votado, para exercício do mandato.

- *V.* CE, art. 108, § 1°; LO, art. 5°, § 3°.

Art. 10. Compete ao Procurador-Geral de Justiça:

- *V.* LON, art. 29.

I - exercer a chefia do Ministério Público, representando-o judicial e extrajudicialmente;

- *V.* LO, arts. 4° e 25, I; EMP, art. 2°.

II - integrar, como membro nato, e presidir o Colégio de Procuradores de Justiça e o Conselho Superior do Ministério Público;

- *V.* LON, art. 14; LO, arts. 10, 11 e 25, IX.

III - submeter ao Colégio de Procuradores de Justiça as propostas de criação e extinção de cargos e serviços auxiliares e de orçamento anual;

- *V.* LON, art. 12, incisos II e III; LO, art. 8°, XIII, e art. 25, VI, XLIII e XLIV.

IV - encaminhar ao Poder Legislativo os projetos de lei de iniciativa do Ministério Público;

- *V.* LON, art. 12, I; LO, art. 8º, I e XIII, e art. 25, II.

V - praticar atos e decidir questões relativas à administração geral e execução orçamentária do Ministério Público;

- *V.* LO, arts. 8º, VIII, e 25.

VI - prover os cargos iniciais da carreira e dos serviços auxiliares, bem como nos casos de remoção, promoção, convocação e demais formas de provimento derivado;

- *V.* LO, art. 25, VIII.

VII - editar atos de aposentadoria, exoneração e outros que importem em vacância de cargos da carreira ou dos serviços auxiliares e atos de disponibilidade de membros do Ministério Público e de seus servidores;

- *V.* LON, art. 3º, VIII; LO, art. 25, VIII.

VIII - delegar suas funções administrativas;

- *V.* LON, art. 29, IX; LO, art. 25, LX.

IX - designar membros do Ministério Público para:

a) exercer as atribuições de dirigente dos Centros de Apoio Operacional;

- *V.* LON, art. 33; LO, art. 25, XI, *a*, e art. 38.

b) ocupar cargo de confiança junto aos órgãos da Administração Superior;

- *V.* LO, art. 25, XI, e art. 38.

c) integrar organismos estatais afetos a sua área de atuação;

- *V.* LON, art. 25, VII; LO, art. 25, LVII, e art. 27, III, *h*.

d) oferecer denúncia ou propor ação civil pública nas hipóteses de não confirmação de arquivamento de inquérito policial ou civil, bem como de quaisquer peças de informação;

- *V.* CPP, art. 28; LON, art. 29, VII; Lei nº 7.347/85 (LAC), art. 9º, § 4º; LO, art. 25, LIX.

e) acompanhar inquérito policial ou diligência investigatória, devendo recair a escolha sobre o membro do Ministério Público com atribuição para, em tese, oficiar no feito, segundo as regras ordinárias de distribuição de serviços;

- *V.* CF, art. 129, VII; RSTJ nº 7/146.

f) assegurar a continuidade dos serviços, em caso de vacância, afastamento temporário, ausência, impedimento ou suspeição de titular de cargo, ou com consentimento deste;

- *V.* LON, arts. 22, III, 24 e 65, bem como o inciso VI acima.

g) por ato excepcional e fundamentado, exercer as funções processuais afetas a outro membro da instituição, submetendo sua decisão previamente ao Conselho Superior do Ministério Público;

- *V.* LON, art. 15; LO, art. 25, XII.

h) oficiar perante a Justiça Eleitoral de primeira instância, ou junto ao Procurador-Regional Eleitoral, quando por este solicitado.

- *V.* LON, arts. 72, III, e 73; LO, art. 25, XI, *d.*

X - dirimir conflitos de atribuições entre membros do Ministério Público, designando quem deva oficiar no feito;

- *V.* LO, art. 25, XIX.

XI - decidir processo disciplinar contra membro do Ministério Público, aplicando as sanções cabíveis;

- *V.* LON, art. 17, VI; LO, art. 25, XVIII; EMP, art. 118 e parágrafo único.

XII - expedir recomendações, sem caráter normativo, aos órgãos do Ministério Público, para o desempenho de suas funções;

- *V.* LON, arts. 15, X, e 43, XIV; LO, art. 25, XX, e art. 27, XVI.

XIII - encaminhar aos Presidentes dos Tribunais as listas sêxtuplas a que se referem os artigos 94, *caput,* e 104, parágrafo único, inciso II, da Constituição Federal;

- *V.* LON, arts. 15, I, e 74; LOMAN, art. 100; LO, art. 25, LIII, e art. 27, I, *a.*

XIV - exercer outras atribuições previstas em lei.

- *V.* LON, arts. 37 e 38, § 2°; art. 41, parágrafo único; e art. 75.

Art. 11. O Procurador-Geral de Justiça poderá ter em seu Gabinete, no exercício de cargo de confiança, Procuradores ou Promotores de Justiça da mais elevada entrância ou categoria, por ele designados.

- *V.* LON, arts. 29, IX, e 72; CE, art. 20, com a redação da EC 12/95.

SEÇÃO II
Do Colégio de Procuradores de Justiça

Art. 12. O Colégio de Procuradores de Justiça é composto por todos os Procuradores de Justiça, competindo-lhe:

- Os incisos em itálico contêm atribuição da totalidade do Colégio de Procuradores, conforme o art. 13, parágrafo único, a seguir. As atribuições constantes dos outros incisos são do Órgão Especial.

I - *opinar, por solicitação do Procurador-Geral de Justiça ou de um quarto de seus integrantes, sobre matéria relativa à autonomia do Ministério Público, bem como sobre outras de interesse institucional*;

- *V.* LON, art. 10, IV; LO, art. 8°, I e XIII.

II - propor ao Procurador-Geral de Justiça a criação de cargos e serviços auxiliares, modificações na Lei Orgânica e providências relacionadas ao desempenho das funções institucionais;

- V. LON, arts. 10, III, 12, II, e 22; LO, arts. 8°, XIII, e 21, § 9°.

III - aprovar a proposta orçamentária anual do Ministério Público, elaborada pela Procuradoria-Geral de Justiça, bem como os projetos de criação de cargos e serviços auxiliares;

- V. LON, art. 10, III; LO, art. 8°, VIII.

IV - *propor ao Poder Legislativo a destituição do Procurador-Geral de Justiça, pelo voto de dois terços de seus membros e por iniciativa da maioria absoluta de seus integrantes em caso de abuso de poder, conduta incompatível ou grave omissão nos deveres do cargo, assegurada ampla defesa*;

- V. CF, art. 128, § 4°; LON, art. 9°, § 2°; CE, art. 53, XXX; LO, arts. 7° e 8°, II.

V - *eleger o Corregedor-Geral do Ministério Público*;

- V. LON, art. 16; LO, arts. 8°, V, e 13.

VI - *destituir o Corregedor-Geral do Ministério Público, pelo voto de dois terços de seus membros, em caso de abuso de poder, conduta incompatível ou grave omissão nos deveres do cargo, por representação do Procurador-Geral de Justiça ou da maioria de seus integrantes, assegurada ampla defesa*;

- V. LO, art. 8°, VI; Regimento Interno do Colégio de Procuradores.

VII - recomendar ao Corregedor-Geral do Ministério Público a instauração de procedimento administrativo disciplinar contra membro do Ministério Público;

- V. LON, art. 17, V; LO, arts. 8°, X, 14, V, 27, VII, *b*; e art. 28, V.

VIII - julgar recurso contra decisão:

- V. LO, art. 8°, XI.

a) de vitaliciamento, ou não, de membro do Ministério Público;

- V. LON, arts. 15, VII, e 17, III; LO, art. 27, III, *b*.

b) condenatória em procedimento administrativo disciplinar;

- V. LO, art. 27, III, *e*.

c) proferida em reclamação sobre o quadro geral de antigüidade;

- V. LON, art. 15, IX; LO, art. 8°, XI, *c*.

d) de disponibilidade e remoção de membro do Ministério Público, por motivo de interesse público;

- V. LON, art. 15, VIII; LO, art. 8°, XI, *d*.

e) de recusa prevista no § 3° do artigo 15 desta Lei.

- V. LO, art. 8°, XI, *e*.

IX - decidir sobre pedido de revisão de procedimento administrativo disciplinar;

- *V.* LON, art. 17, VI; LO, art. 8º, XV.

X - deliberar por iniciativa de um quarto de seus integrantes ou do Procurador-Geral de Justiça, que este ajuíze ação cível de decretação de perda do cargo de membro vitalício do Ministério Público nos casos previstos nesta Lei;

- *V.* LON, art. 38, §§ 1º e 2º; LO, art. 8º, XVI.

XI - rever, mediante requerimento de legítimo interessado, nos termos da Lei Orgânica, decisão de arquivamento de inquérito policial ou peças de informação determinada pelo Procurador-Geral de Justiça, nos casos de sua atribuição originária;

- *V.* LON, arts. 26, IV, e 29, VII; LO, art. 8º, XIV, e art. 25, XXX.
- Súmula 524 do STF: "Arquivado o inquérito policial, por despacho do juiz, a requerimento do Procurador-Geral de Justiça, não pode a ação penal ser iniciada, sem novas provas."

XII - elaborar seu regimento interno;

- *V.* LO, art. 8º, XXIV; Regimento Interno do Colégio de Procuradores.

XIII - desempenhar outras atribuições que lhe forem conferidas por lei.

- *V.* LON, art. 18, parágrafo único; arts. 21 e 23, §§ 2º e 3º; e art. 26, § 5º; LO, art. 11 (e nota).

Parágrafo único. As decisões do Colégio de Procuradores de Justiça serão motivadas e publicadas, por extrato, salvo nas hipóteses legais de sigilo ou por deliberação da maioria de seus integrantes.

- *V.* LO, art. 9º, § 4º.

Art. 13. Para exercer as atribuições do Colégio de Procuradores de Justiça com número superior a quarenta Procuradores de Justiça, poderá ser constituído Órgão Especial, cuja composição e número de integrantes a Lei Orgânica fixará.

- *V.* LO, arts. 9º e 10.

Parágrafo único. O disposto neste artigo não se aplica às hipóteses previstas nos incisos I, IV, V e VI do artigo anterior, bem como a outras atribuições a serem deferidas à totalidade do Colégio de Procuradores de Justiça pela Lei Orgânica.

- *V.* LO, art. 9º, § 1º.
- Os incisos mencionados estão em itálico no texto.

SEÇÃO III
Do Conselho Superior do Ministério Público

• *V. LO, arts. 11 e 12.*

Art. 14. Lei Orgânica de cada Ministério Público disporá sobre a composição, inelegibilidade e prazos de sua cessação, posse e duração do mandato dos integrantes do Conselho Superior do Ministério Público, respeitadas as seguintes disposições:

I - o Conselho Superior terá como membros natos apenas o Procurador-Geral de Justiça e o Corregedor-Geral do Ministério Público;

• *V. LON, art. 10, II.*

II - são elegíveis somente Procuradores de Justiça que não estejam afastados da carreira;

• *V. LO, art. 11, § 1º.*

III - o eleitor poderá votar em cada um dos elegíveis até o número de cargos postos em eleição, na forma da lei complementar estadual.

Art. 15. Ao Conselho Superior do Ministério Público compete:

I - elaborar as listas sêxtuplas a que se referem os artigos 94, *caput*, e 104, parágrafo único, II, da Constituição Federal;

• *V. LON, arts. 10, XIII, e 74; LOMAN, art. 100; LO, art. 27, I, a.*

II - indicar ao Procurador-Geral de Justiça, em lista tríplice, os candidatos à remoção ou promoção por merecimento;

• *V. LON, art. 61; LO, art. 27, II, a, e art. 11, § 4º.*

III - eleger, na forma da Lei Orgânica, os membros do Ministério Público que integrarão a Comissão de Concurso de ingresso na carreira;

• *V. LON, art. 34; LO, art. 27, X; EMP, art. 8º, III.*

IV - indicar o nome do mais antigo membro do Ministério Público para remoção ou promoção por antiguidade;

• *V. § 3º, a seguir; LON, art. 61, II; LO, art. 27, II, b.*

V - indicar ao Procurador-Geral de Justiça Promotores de Justiça para substituição por convocação;

• *V. LON, art. 10, VI e IX, letra f; LO, arts. 22, III, e 65.*

VI - aprovar os pedidos de remoção por permuta entre membros do Ministério Público;

• *V. LON, art. 64; LO, art. 27, V, a; EMP, art. 36.*

VII - decidir sobre vitaliciamento de membros do Ministério Público;

• *V. LON, art. 12, VIII, a; art. 17, III; e art. 60; LO, art. 25, VIII e XXVIII, e art. 27, III, letras a e b; EMP, art. 25, § 2º.*

VIII - determinar por voto de dois terços de seus integrantes a disponibilidade ou remoção de membros do Ministério Público, por interesse público, assegurada ampla defesa;

- *V.* CF, art. 128, § 5°, I, *d*; LON, art. 10, VI e VII; art. 12, VIII, *d*; e art. 68; LO, art. 25, VIII, e art. 27, IV; EMP, art. 35.

IX - aprovar o quadro geral de antigüidade do Ministério Público e decidir sobre reclamações formuladas a esse respeito;

- *V.* LON, art. 12, VIII, *c*; LO, art. 25, XXIV, e art. 27, incisos III, *i*, e V, *b*.

X - sugerir ao Procurador-Geral a edição de recomendações, sem caráter vinculativo, aos órgãos do Ministério Público para o desempenho de suas funções e a adoção de medidas convenientes ao aprimoramento dos serviços;

- *V.* LON, art. 10, XII; LO, art. 25, XX, e art. 27, incisos XII e XVI.

XI - autorizar o afastamento de membro do Ministério Público para freqüentar curso ou seminário de aperfeiçoamento e estudo, no País ou no exterior;

- *V.* LO, art. 27, VI, *a*; EMP, art. 46, III, e § 1°; Resolução n° 1/99, do Conselho Superior do Ministério Público (DOE de 12/03/99), em anexo.

XII - elaborar seu regimento interno;

- *V.* LO, art. 27, I, *b*.

XIII - exercer outras atribuições previstas em lei.

- *V.* LON, arts. 10, IX, *g*, e 75.

§ 1° As decisões do Conselho Superior do Ministério Público serão motivadas e publicadas, por extrato, salvo nas hipóteses legais de sigilo ou por deliberação da maioria de seus integrantes.

- *V.* LO, art. 27, § 1°.

§ 2° A remoção e a promoção voluntária por antigüidade e por merecimento, bem como a convocação, dependerão de prévia manifestação escrita do interessado.

- *V.* LON, art. 61, I; LO, art. 27, § 2°; EMP, art. 26, §§ 5° e 6°.

§ 3° Na indicação por antigüidade, o Conselho Superior do Ministério Público somente poderá recusar o membro do Ministério Público mais antigo pelo voto de dois terços de seus integrantes, conforme procedimento próprio, repetindo-se a votação até fixar-se a indicação, após o julgamento de eventual recurso interposto com apoio na alínea *e* do inciso VIII do artigo 12 desta Lei.

- *V.* LO, art. 27, § 3°; EMP, arts. 26 e 34.

SEÇÃO IV
Da Corregedoria-Geral do Ministério Público

Art. 16. O Corregedor-Geral do Ministério Público será eleito pelo Colégio de Procuradores, dentre os Procuradores de Justiça, para mandato de dois anos, permitida uma recondução, observado o mesmo procedimento.

* *V.* LON, art. 12, V; LO, arts. 8°, V, e 13.

Parágrafo único. O Corregedor-Geral do Ministério Público é membro nato do Colégio de Procuradores de Justiça e do Conselho Superior do Ministério Público.
* *V.* LON, art. 14, I; LO, art. 13, parágrafo único.

Art. 17. A Corregedoria-Geral do Ministério Público é órgão orientador e fiscalizador das atividades funcionais e da conduta dos membros do Ministério Público, incumbindo-lhe, dentre outras atribuições:
* *V.* LO, arts. 14 e 28.

I - realizar correições e inspeções;
* *V.* LO, arts. 14, I, e 28, XII, *a.*

II - realizar inspeções nas Procuradorias de Justiça, remetendo relatório reservado ao Colégio de Procuradores de Justiça;
* *V.* LO, arts. 14, II, e 28, XII, *b.*

III - propor ao Conselho Superior do Ministério Público, na forma da Lei Orgânica, o não vitaliciamento de membro do Ministério Público;
* *V.* LON, art. 12, VIII, *a*, art. 15, VII, e art. 60; LO, arts. 14, III, e 28, VIII.

IV - fazer recomendações, sem caráter vinculativo, a órgão de execução;
* *V.* LO, arts. 14, IV, e 28, II.

V - instaurar, de ofício ou por provocação dos demais órgãos da Administração Superior do Ministério Público, processo disciplinar contra membro da instituição, presidindo-o e aplicando as sanções administrativas cabíveis, na forma da Lei Orgânica;
* *V.* CF, art. 5°, LV; LON, art. 12, VII; LO, arts. 8°, X, 14, V, 27, VII, *b*, e art. 28, V.

VI - encaminhar ao Procurador-Geral de Justiça os processos administrativos disciplinares que, na forma da Lei Orgânica, incumba a este decidir;
* *V.* LON, art. 10, XI; LO, arts. 14, VI, e 25, XVIII.

VII - remeter aos demais órgãos da Administração Superior do Ministério Público informações necessárias ao desempenho de suas atribuições;
* *V.* LO, arts. 14, VII, e 28, incisos IX e XIII.

VIII - apresentar ao Procurador-Geral de Justiça, na primeira quinzena de fevereiro, relatório com dados estatísticos sobre as atividades das Procuradorias e Promotorias de Justiça, relativas ao ano anterior.
* *V.* LO, art. 17, § 1°, IV e V, e art. 28, XI.

Art. 18. O Corregedor-Geral do Ministério Público será assessorado por Promotores de Justiça da mais elevada entrância ou categoria, por ele indicados e designados pelo Procurador-Geral de Justiça.
* *V.* LON, art. 10, IX, *b*, art. 53, VI, *a*, e art. 72.

Parágrafo único. Recusando-se o Procurador-Geral de Justiça a designar os Promotores de Justiça que lhe foram indicados, o Corregedor-Geral

do Ministério Público poderá submeter a indicação à deliberação do Colégio de Procuradores.
• V. LO, art. 15, § 2°.

SEÇÃO V
Das Procuradorias de Justiça

• V. LON, arts. 6°, I, e 31; LO, arts. 21, 22 e 29.

Art. 19. As Procuradorias de Justiça são órgãos de Administração do Ministério Público, com cargos de Procurador de Justiça e serviços auxiliares necessários ao desempenho das funções que lhe forem cometidas pela Lei Orgânica.

§ 1° É obrigatória a presença de Procurador de Justiça nas sessões de julgamento dos processos da respectiva Procuradoria de Justiça.
• V. LON, arts. 21 e 43, V; LO, art. 29, § 1°; EMP, art. 55, IV.

§ 2° Os Procuradores de Justiça exercerão inspeção permanente dos serviços dos Promotores de Justiça nos autos em que oficiem, remetendo seus relatórios à Corregedoria-Geral do Ministério Público.
• V. EMP, art. 110.

Art. 20. Os Procuradores de Justiça das Procuradorias de Justiça civis e criminais, que oficiem junto ao mesmo Tribunal, reunir-se-ão para fixar orientações jurídicas, sem caráter vinculativo, encaminhando-as ao Procurador-Geral de Justiça.
• V. LO, art. 21, § 7°.

Art. 21. A divisão interna dos serviços das Procuradorias de Justiça sujeitar-se-á a critérios objetivos definidos pelo Colégio de Procuradores, que visem à distribuição eqüitativa dos processos por sorteio, observadas, para esse efeito, as regras de proporcionalidade, especialmente a alternância fixada em função da natureza, volume e espécie dos feitos.
• V. LON, art. 12, I; LO, art. 8°, inciso XIII (e notas); LO, art. 25, XLV.

Parágrafo único. A norma deste artigo só não incidirá nas hipóteses em que os Procuradores de Justiça definam, consensualmente, conforme critérios próprios, a divisão interna dos serviços.
• V. LO, art. 21, § 4°.

Art. 22. À Procuradoria de Justiça compete, na forma da Lei Orgânica, dentre outras atribuições:

I - escolher o Procurador de Justiça responsável pelos serviços administrativos da Procuradoria;
• V. LO, art. 22.

II - propor ao Procurador-Geral de Justiça a escala de férias de seus integrantes;
• V. LO, art. 22, I.

III - solicitar ao Procurador-Geral de Justiça, em caso de licença de Procurador de Justiça ou afastamento de suas funções junto à Procuradoria de Justiça, que convoque Promotor de Justiça da mais elevada entrância ou categoria para substituí-lo.
* V. LON, arts. 15, V, e 65.

SEÇÃO VI
Das Promotorias de Justiça

* V. LON, art. 6º, II; LO, art. 23.

Art. 23. As Promotorias de Justiça são órgãos de administração do Ministério Público com pelo menos um cargo de Promotor de Justiça e serviços auxiliares necessários ao desempenho das funções que lhe forem cometidas pela Lei Orgânica.
* V. LON, art. 37; LO, art. 24.

§ 1º As Promotorias de Justiça poderão ser judiciais ou extrajudiciais, especializadas, gerais ou cumulativas.
* V. parágrafo a seguir.

§ 2º As atribuições das Promotorias de Justiça e dos cargos dos Promotores de Justiça que a integram serão fixadas mediante proposta do Procurador-Geral de Justiça, aprovada pelo Colégio de Procuradores de Justiça.
* V. LON, art. 12, I; LO, arts. 25, XLV, 30 e 31.

§ 3º A exclusão, inclusão ou outra modificação nas atribuições das Promotorias de Justiça ou dos cargos dos Promotores de Justiça que a integram serão efetuadas mediante proposta do Procurador-Geral de Justiça, aprovada por maioria absoluta do Colégio de Procuradores.
* V. LON, art. 12, I; LO, art. 25, XLV.

Art. 24. O Procurador-Geral de Justiça poderá, com a concordância do Promotor de Justiça titular, designar outro Promotor para funcionar em feito determinado, de atribuição daquele.
* V. LON, art. 10, IX, f e g.

CAPÍTULO IV
Das Funções dos Órgãos de Execução

SEÇÃO I
Das Funções Gerais

Art. 25. Além das funções previstas nas Constituições Federal e Estadual, na Lei Orgânica e em outras leis, incumbe, ainda, ao Ministério Público:
* V. CF, art. 129; LON, arts. 27 e 32; CE, arts. 109 e 111.

I - propor ação de inconstitucionalidade de leis ou atos normativos estaduais ou municipais, face à Constituição Estadual;
- *V.* CF, art. 125, § 2º, e 129, IV; LON, art. 29, I; CE, art. 95, XII, *d.*

II - promover a representação de inconstitucionalidade para efeito de intervenção do Estado nos Municípios;
- *V.* CF, arts. 35, IV, 125, § 2º, e 129, IV; LON, art. 29, II.

III - promover, privativamente, a ação penal pública, na forma da lei;
- *V.* CF, art. 5º, LIX, e art. 129, I; CPP, art. 29; RTJ, 112/474, 130/1084 e 140/834.
- Segundo o STF (Informativo nº 43/96), a admissibilidade da ação penal privada subsidiária da pública pressupõe, nos termos do art. 5º, LIX, da CF, a inércia do Ministério Público em adotar, no prazo legal (CPP, art. 46), uma das seguintes providências: oferecer a denúncia, requerer o arquivamento do inquérito policial ou requisitar novas diligências.
- *V.* RTJ 112/474, 130/1084 e 140/834.

IV - promover o inquérito civil e a ação civil pública, na forma da lei:
- *V.* CF, art. 129, III e IV; Lei nº 7.347/85 (LAC); Lei nº 8.078/90 (CDC).

a) para a proteção, prevenção e reparação dos danos causados ao meio ambiente, ao consumidor, aos bens e direitos de valor artístico, estético, histórico, turístico e paisagístico, e a outros interesses difusos, coletivos e individuais indisponíveis e homogêneos.

b) para a anulação ou declaração de nulidade de atos lesivos ao patrimônio público ou à moralidade administrativa do Estado ou de Município, de suas administrações indiretas ou fundacionais ou de entidades privadas de que participem.
- *V.* CF, art. 58, § 3º, e art. 129, III e VI; CE, art. 56, § 5º.

V - manifestar-se nos processos em que sua presença seja obrigatória por lei e, ainda, sempre que cabível a intervenção, para assegurar o exercício de suas funções institucionais, não importando a fase ou grau de jurisdição em que se encontrem os processos;
- *V.* CPC, arts. 82 e 83.

VI - exercer a fiscalização dos estabelecimentos prisionais e dos que abriguem idosos, menores, incapazes ou pessoas portadoras de deficiência;
- *V.* CF, arts. 227 a 230; CE, art. 111, I e II; Lei nº 7.853/89 (que dispõe sobre o apoio às pessoas portadoras de deficiência); Lei nº 7.210/84, art. 68 (LEP); Lei nº 8.069/90, art. 208 (ECA).

VII - deliberar sobre a participação em organismos estatais de defesa do meio ambiente, neste compreendido o do trabalho, do consumidor, de política penal e penitenciária e outros afetos à sua área de atuação;
- *V.* LON, art. 10, IX, *c*; LO, art. 27, III, *h.*

VIII - ingressar em juízo, para responsabilizar os gestores do dinheiro público condenados por tribunais e conselhos de contas;
- *V.* CF, art. 71; Lei nº 8.429/92 (Lei da Improbidade Administrativa).

IX - interpor recursos ao Supremo Tribunal Federal e ao Superior Tribunal de Justiça;
- *V.* LON, arts. 31 e 32.

X - (VETADO).

XI - (VETADO).

Parágrafo único. É vedado o exercício das funções do Ministério Público a pessoas a ele estranhas, sob pena de nulidade do ato praticado.
- *V.* CF, art. 129, § 2°; LO, art. 37; RSTJ n° 13/340 e 28/485; ESTJ n° 7/286.

Art. 26. No exercício de suas funções, o Ministério Público poderá:
- *V.* CF, art. 129, VI; CE, art. 111, parágrafo único.

I - instaurar inquéritos civis e outras medidas e procedimentos administrativos pertinentes e, para instruí-los:
- *V.* CE, art. 111, parágrafo único, *a*; LAC, CDC, ECA, LEP.

a) expedir notificações para colher depoimento ou esclarecimentos e, em caso de não comparecimento injustificado, requisitar condução coercitiva, inclusive pela Polícia Civil ou Militar, ressalvadas as prerrogativas previstas em lei;
- *V.* CPC, art. 411; EMP, art. 60, II; § 1°, a seguir.

b) requisitar informações, exames periciais e documentos de autoridades federais, estaduais e municipais, bem como dos órgãos e entidades da administração direta, indireta ou fundacional, de qualquer dos Poderes da União, dos Estados, do Distrito Federal e dos Municípios;
- *V.* CE, art. 111, parágrafo único, *c*; Lei n° 7.347/85 (LAC), art. 10.
- Quanto ao prazo, ver art. 8°, § 1°, da Lei n° 7.347/85, e art. 8°, § 5°, da LC 75/93.

c) promover inspeções e diligências investigatórias junto às autoridades, órgãos e entidades a que se refere a alínea anterior.

II - requisitar informações e documentos a entidades privadas, para instruir procedimentos ou processo em que oficie;
- *V.* CE, art. 111, parágrafo único, *c*.
- Segundo o STF (Informativo n° 146/4), o art. 129 da CF não autoriza ao Ministério Público quebrar, diretamente, o sigilo bancário das pessoas. Somente a autoridade judiciária poderá autorizar a quebra do sigilo.

III - requisitar à autoridade competente a instauração de sindicância ou procedimento administrativo cabível;
- *V.* CE, art. 111, parágrafo único, *b*; CP, arts. 319 e 330.

IV - requisitar diligências investigatórias e a instauração de inquérito policial e de inquérito policial militar, observado o disposto no artigo 129, inciso VIII, da Constituição Federal, podendo acompanhá-los;
- *V.* CPP, art. 5°, II; CPPM, art. 10, *c*.

V - praticar atos administrativos executórios, de caráter preparatório;
- *V.* LON, art. 3º.

VI - dar publicidade dos procedimentos administrativos não disciplinares que instaurar e das medidas adotadas;
- *V.* CF, art. 5º, X.

VII - sugerir ao Poder competente a edição de normas e a alteração da legislação em vigor, bem como a adoção de medidas propostas, destinadas à prevenção e controle da criminalidade;

VIII - manifestar-se em qualquer fase dos processos, acolhendo solicitação do juiz, da parte ou por sua iniciativa, quando entender existente interesse em causa que justifique a intervenção.
- *V.* CPC, art. 246.

§ 1º As notificações e requisições previstas neste artigo, quando tiverem como destinatários o Governador do Estado, os membros do Poder Legislativo e os desembargadores, serão encaminhadas pelo Procurador-Geral de Justiça.
- *V.* inciso I, *a*, deste artigo; CPC, art. 411; EMP, art. 56.

§ 2º O membro do Ministério Público será responsável pelo uso indevido das informações e documentos que requisitar, inclusive nas hipóteses legais de sigilo.
- *V.* LC 75/93, art. 8º, §§ 1º e 2º; LON, art. 80; EMP, art. 55, XVI; ECA, art. 201, § 4º; Lei nº 7.492/86 (trata dos crimes contra o Sistema Financeiro Nacional), art. 18.

§ 3º Serão cumpridas gratuitamente as requisições feitas pelo Ministério Público às autoridades, órgãos e entidades da Administração Pública direta, indireta ou fundacional, de qualquer dos Poderes da União, dos Estados, do Distrito Federal e dos Municípios.
- *V.* LO, art. 34, VIII.

§ 4º A falta ao trabalho, em virtude de atendimento a notificação ou requisição, na forma do inciso I deste artigo, não autoriza desconto de vencimentos ou salário, considerando-se de efetivo exercício, para todos os efeitos, mediante comprovação escrita do membro do Ministério Público.
- *V.* CPC, art. 419, parágrafo único.

§ 5º Toda representação ou petição formulada ao Ministério Público será distribuída entre os membros da instituição que tenham atribuições para apreciá-la, observados os critérios fixados pelo Colégio de Procuradores.
- *V.* LON, arts. 12, XIII, 21 e 23, § 2º; LO, art. 8º, XXV.

Art. 27. Cabe ao Ministério Público exercer a defesa dos direitos assegurados nas Constituições Federal e Estadual, sempre que se cuidar de garantir-lhe o respeito:
- *V.* CF, art. 129, II; ECA, art. 208.

I - pelos poderes estaduais ou municipais;

II - pelos órgãos da Administração Pública Estadual ou Municipal, direta ou indireta;

III - pelos concessionários e permissionários de serviço público estadual ou municipal;

IV - por entidades que exerçam outra função delegada do Estado ou do Município ou executem serviço de relevância pública.

Parágrafo único. No exercício das atribuições a que se refere este artigo, cabe ao Ministério Público, entre outras providências:

- *V. LC 75/93, arts. 11 a 14.*

I - receber notícias de irregularidades, petições ou reclamações de qualquer natureza, promover as apurações cabíveis que lhes sejam próprias e dar-lhes as soluções adequadas;

- *V. EMP, art. 55, VII.*

II - zelar pela celeridade e racionalização dos procedimentos administrativos;

- *V. EMP, art. 55, XIV.*

III - dar andamento, no prazo de trinta dias, às notícias de irregularidades, petições ou reclamações referidas no inciso I;

IV - promover audiências públicas e emitir relatórios, anual ou especiais, e recomendações dirigidas aos órgãos e entidades mencionadas no *caput* deste artigo, requisitando ao destinatário sua divulgação adequada e imediata, assim como resposta por escrito.

- *V. CE, art. 108, § 3º.*

Art. 28. (VETADO).

SEÇÃO II
Do Procurador-Geral de Justiça

Art. 29. Além das atribuições previstas nas Constituições Federal e Estadual, na Lei Orgânica e em outras leis, compete ao Procurador-Geral de Justiça:

- *V. LON, art. 10.*

I - representar aos Tribunais locais por inconstitucionalidade de leis ou atos normativos estaduais ou municipais, face à Constituição Estadual;

- *V. CF, art. 125, § 2º; CE, art. 95, XII; LON, art. 25, I.*

II - representar para fins de intervenção do Estado no Município, com objetivo de assegurar a observância de princípios indicados na Constituição Estadual ou prover a execução de lei, de ordem ou de decisão judicial;

- *V. CF, arts. 35, IV, e 129, IV; LON, art. 25, II; CE, art. 15, IV.*

III - representar o Ministério Público nas sessões plenárias dos Tribunais;

IV - (VETADO);

V - ajuizar ação penal de competência originária dos Tribunais, nela oficiando;
- *V.* CF, arts. 29, VIII, e 96, III; inciso IX, a seguir.

VI - oficiar nos processos de competência originária dos Tribunais, nos limites estabelecidos na Lei Orgânica;
- *V.* CF, art. 29, VIII, e art. 103, § 1°.

VII - determinar o arquivamento de representação, notícia de crime, peças de informação, conclusão de comissões parlamentares de inquérito ou inquérito policial, nas hipóteses de suas atribuições legais;
- *V.* LON, art. 10, IX, *d*, e art. 12, XI; LO, art. 25, XXX; CPP, art. 28.

VIII - exercer as atribuições do artigo 129, II e III, da Constituição Federal, quando a autoridade reclamada for o Governador do Estado, o Presidente da Assembléia Legislativa ou os Presidentes de Tribunais, bem como quando contra estes, por ato praticado em razão de suas funções, deva ser ajuizada a competente ação;
- *V.* LON, art. 26, § 1°, e art. 27, parágrafo único.

IX - delegar a membro do Ministério Público suas funções de órgão de execução.
- *V.* LON, art. 10, incisos VIII e IX, letra *g*, e art. 11; LO, art. 25, XII.

SEÇÃO III
Do Conselho Superior do Ministério Público

Art. 30. Cabe ao Conselho Superior do Ministério Público rever o arquivamento de inquérito civil, na forma da lei.
- *V.* Lei n° 7.347/85 (LAC), art. 9°; LON, art. 10, IX, *d*.

SEÇÃO IV
Dos Procuradores de Justiça

Art. 31. Cabe aos Procuradores de Justiça exercer as atribuições junto aos Tribunais, desde que não cometidas ao Procurador-Geral de Justiça, e inclusive por delegação deste.
- *V.* LON, arts. 19 a 22.

SEÇÃO V
Dos Promotores de Justiça

Art. 32. Além de outras funções cometidas nas Constituições Federal e Estadual, na Lei Orgânica e demais leis, compete aos Promotores de Justiça, dentro de suas esferas de atribuições:
- *V.* LON, art. 25, IX.

I - impetrar *habeas corpus* e mandado de segurança e requerer correição parcial, inclusive perante os Tribunais locais competentes;

- *V.* CF, art. 5°, incisos LXVIII e LXIX; LC 75/93, art. 10; CPP, arts. 10, 302, 311 e 654; LON, art. 41, incisos VIII e IX; LO, art. 23.
- Súmula 267 do STF: "Não cabe Mandado de Segurança contra ato judicial passível de recurso ou correição."

II - atender a qualquer do povo, tomando as providências cabíveis;

- *V.* LON, art. 26, § 5°; CPC, art. 585, II; art. 55, parágrafo único, da Lei n° 7.244/84 (Lei do Juizado de Pequenas Causas); CE, art. 111, V.

III - oficiar perante a Justiça Eleitoral de primeira instância, com as atribuições do Ministério Público Eleitoral previstas na Lei Orgânica do Ministério Público da União que forem pertinentes, além de outras estabelecidas na legislação eleitoral e partidária.

- *V.* CF, art. 127; LC 75/93, arts. 72 e 80; LON, art. 10, IX, *h*, e art. 73; LO, art. 25, XI, *d*.

CAPÍTULO V
Dos Órgãos Auxiliares

SEÇÃO I
Dos Centros de Apoio Operacional

Art. 33. Os Centros de Apoio Operacional são órgãos auxiliares da atividade funcional do Ministério Público, competindo-lhes, na forma da Lei Orgânica:

- *V.* LON, art. 8°, I, art. 10, IX, *a*, e art. 72; Ato n° 1/91 e Provimentos 1/91 e 3/93 (DOE de 11/05/93), que regulam os Centros de Apoio no Rio Grande do Sul; EMP, art. 68.

I - estimular a integração e o intercâmbio entre órgãos de execução que atuem na mesma área de atividade e que tenham atribuições comuns;

II - remeter informações técnico-jurídicas, sem caráter vinculativo, aos órgãos ligados à sua atividade;

III - estabelecer intercâmbio permanente com entidades ou órgãos públicos ou privados que atuem em áreas afins, para obtenção de elementos técnicos especializados necessários ao desempenho de suas funções;

IV - remeter, anualmente, ao Procurador-Geral de Justiça relatório das atividades do Ministério Público relativas às suas áreas de atribuições;

V - exercer outras funções compatíveis com suas finalidades, vedado o exercício de qualquer atividade de órgão de execução, bem como a expedição de atos normativos a estes dirigidos.

SEÇÃO II
Da Comissão de Concurso

Art. 34. À Comissão de Concurso, órgão auxiliar de natureza transitória, incumbe realizar a seleção de candidatos ao ingresso na carreira do

Ministério Público, na forma da Lei Orgânica e observado o artigo 129, § 3°, da Constituição Federal.
- *V.* LON, art. 8°, II, e art. 15, III; LO, art. 27, X; EMP, art. 8°.

Parágrafo único. A Lei Orgânica definirá o critério de escolha do Presidente da Comissão de Concurso de ingresso na carreira, cujos demais integrantes serão eleitos na forma do artigo 15, inciso III, desta Lei.
- *V.* LO, art. 27, X; EMP, art. 8°, I.

SEÇÃO III
Do Centro de Estudos e Aperfeiçoamento Funcional

Art. 35. O Centro de Estudos e Aperfeiçoamento Funcional é órgão auxiliar do Ministério Público destinado a realizar cursos, seminários, congressos, simpósios, pesquisas, atividades, estudos e publicações visando ao aprimoramento profissional e cultural dos membros da instituição, de seus auxiliares e funcionários, bem como a melhor execução de seus serviços e racionalização de seus recursos materiais.
- *V.* LON, arts. 8°, III, e 53, VI, *b*.

Parágrafo único. A Lei Orgânica estabelecerá a organização funcionamento e demais atribuições do Centro de Estudos e Aperfeiçoamento Funcional.
- No Rio Grande do Sul, as funções do Centro de Estudos e Aperfeiçoamento Profissional são exercidas pela Fundação Escola Superior do Ministério Público, entidade privada, criada em 1983, e que tem, como objetivos, entre outros, aqueles descritos no *caput*, além da preparação para a carreira do Ministério Público.

SEÇÃO IV
Dos Órgãos de Apoio Administrativo

Art. 36. Lei de iniciativa do Procurador-Geral de Justiça disciplinará os órgãos e serviços auxiliares de apoio administrativo, organizados em quadro próprio de carreiras, com os cargos que atendam às suas peculiaridades e às necessidades da administração e das atividades funcionais.
- *V.* LON, arts. 8°, IV, e 12, III; LO, art. 3°, § 4°, VII.

SEÇÃO V
Dos Estagiários

Art. 37. Os estagiários do Ministério Público, auxiliares das Promotorias de Justiça, serão nomeados pelo Procurador-Geral de Justiça, para período não superior a três anos.
- *V.* LON, art. 8°, V.

Parágrafo único. A Lei Orgânica disciplinará a seleção, investidura, vedações e dispensa dos estagiários, que serão alunos dos três últimos anos do curso de bacharelado de Direito, de escolas oficiais ou reconhecidas.
* V. LO, arts. 3º, VIII, 24 e 35.

CAPÍTULO VI
Das Garantias e Prerrogativas dos Membros do Ministério Público

Art. 38. Os membros do Ministério Público sujeitam-se a regime jurídico especial e têm as seguintes garantias:
* V. CF, art. 128, § 5º, I; CE, art. 113.

I - vitaliciedade, após dois anos de exercício, não podendo perder o cargo senão por sentença judicial transitada em julgado;
* V. LC 40/81 (antiga LON), art. 46; LON, art. 12, VIII, *a*, arts. 15, VII, e 17, III, art. 53, *caput*, e art. 60; EMP, art. 3º, I.

II - inamovibilidade, salvo por motivo de interesse público;
* V. LON, art. 12, VIII, *d*, e art. 15, VIII; EMP, art. 3º, III.

III - irredutibilidade de vencimentos, observado, quanto à remuneração, o disposto na Constituição Federal.
* Leia-se irredutibilidade de subsídios, conforme EC 19/98, art. 15; LON, art. 50; EMP, art. 3º, II.

§ 1º O membro vitalício do Ministério Público somente perderá o cargo por sentença judicial transitada em julgado, proferida em ação civil própria, nos seguintes casos:
* V. CF, art. 128, § 5º, I, *a*.

I - prática de crime incompatível com o exercício do cargo, após decisão judicial transitada em julgado;
* V. CF. art. 96, III; CP, art. 92, I; CE, art. 95, XI; EMP, art. 119.

II - exercício da advocacia;
* V. Lei nº 8.906/94 (EOAB), arts. 1º e 28, II; LON, art. 44, II; CE, art. 113, II, *b*.

III - abandono do cargo por prazo superior a trinta dias corridos.

§ 2º A ação civil para a decretação da perda do cargo será proposta pelo Procurador-Geral de Justiça perante o Tribunal de Justiça local, após autorização do Colégio de Procuradores, na forma da Lei Orgânica.
* V. LC 75/93, art. 244, III; LON, art. 12, X; LO, art. 8º, XVI.

Art. 39. Em caso de extinção do órgão de execução, da Comarca ou mudança da sede da Promotoria de Justiça, será facultado ao Promotor de Justiça remover-se para outra Promotoria de igual entrância ou categoria, ou obter a disponibilidade com vencimentos integrais e a contagem do tempo de serviço como se em exercício estivesse.
* V. LON, art. 68 e parágrafos; EMP, arts. 43 e 45.

§ 1º O membro do Ministério Público em disponibilidade remunerada continuará sujeito às vedações constitucionais e será classificado em quadro especial, provendo-se a vaga que ocorrer.
- *V.* CF, art. 128, § 5º, II; LON, art. 44, IV; EMP, arts. 43 e 45.

§ 2º A disponibilidade, nos casos previstos no *caput* deste artigo outorga ao membro do Ministério Público o direito à percepção de vencimentos e vantagens integrais e à contagem do tempo de serviço como se em exercício estivesse.
- *V.* LON, art. 53, V; EMP, arts. 53, XIV.

Art. 40. Constituem prerrogativas dos membros do Ministério Público, além de outras previstas na Lei Orgânica:
- *V.* LO, art. 34; EMP, arts. 57 a 60.

I - ser ouvido, como testemunha ou ofendido, em qualquer processo ou inquérito, em dia, hora e local previamente ajustados com o Juiz ou a autoridade competente;
- *V.* CPC, art. 411; LO, art. 34; EMP, art. 59, VI.

II - estar sujeito a intimação ou convocação para comparecimento, somente se expedida pela autoridade judiciária ou por órgão da Administração Superior do Ministério Público competente, ressalvadas as hipóteses constitucionais;
- *V.* CF, art. 58, § 2º, V; EMP, art. 59, VI.

III - ser preso somente por ordem judicial, escrita, salvo em flagrante de crime inafiançável,[1] caso em que a autoridade fará, no prazo máximo de vinte e quatro horas, a comunicação e a apresentação do membro do Ministério Público ao Procurador-Geral de Justiça;
- *V.* CF, art. 5º, LXI e LXII; LON, art. 41, parágrafo único; CPP, art. 302; EMP, art. 59, VIII.

IV - ser processado e julgado originariamente pelo Tribunal de Justiça de seu Estado, nos crimes comuns e de responsabilidade, ressalvada exceção de ordem constitucional;
- *V.* CF, art. 96, III; CE, arts. 53, VII, e 95, XI; EMP, art. 58.
  Súmula 394 do STF: "Cometido o crime durante o exercício funcional, prevalece a competência especial por prerrogativa de função, ainda que o inquérito ou a ação penal sejam iniciados após a cessação daquele exercício." Esta Súmula foi *cancelada* pelo STF em 25/08/99.
  Súmula 451 do STF: "A competência especial por prerrogativa de função não se estende ao crime cometido após a cessação definitiva do exercício funcional."

V - ser custodiado ou recolhido à prisão domiciliar ou à sala especial de Estado Maior, por ordem e à disposição do Tribunal competente, quando sujeito a prisão antes do julgamento final;
- *V.* CPP, art. 295, VII; EMP, art. 59, VII.

---
[1] ADIn 1115-4/DF - Aguarda julgamento, indeferida a liminar.

VI - ter assegurado o direito de acesso, retificação e complementação dos dados e informações relativos à sua pessoa, existentes nos órgãos da instituição, na forma da Lei Orgânica.
- *V.* CF, art. 5°, XXXIII e LXXII; LO, art. 28, § 2°.

Art. 41. Constituem prerrogativas dos membros do Ministério Público, no exercício de sua função, além de outras previstas na Lei Orgânica:
- *V.* LO, art. 34; EMP, arts. 57 a 60.

I - receber o mesmo tratamento jurídico e protocolar dispensado aos membros do Poder Judiciário junto aos quais oficiem;
- *V.* LC 75/93, art. 19; EMP, art. 59, I.

II - não ser indiciado em inquérito policial, observado o disposto no parágrafo único deste artigo;[2]
- *V.* EMP, art. 59, § 2°.

III - ter vista dos autos após distribuição às Turmas ou Câmaras e intervir nas sessões de julgamento, para sustentação oral ou esclarecimento de matéria de fato;
- *V.* LO, arts. 29, III, e 34, III e IV; EMP, art. 59, IV.

IV - receber intimação pessoal em qualquer processo e grau de jurisdição, através da entrega dos autos com vista;
- *V.* CPC, art. 236, § 2°; LO, art. 29, IV; EMP, art. 59, V.

V - gozar de inviolabilidade pelas opiniões que externar ou pelo teor de suas manifestações processuais ou procedimentos, nos limites de sua independência funcional;[3]
- *V.* CF, arts. 5°, IV, e 127, § 1°; CPC, art. 85.

VI - ingressar e transitar livremente:
- *V.* LO, art. 34, II.

a) nas salas de sessões de Tribunais, mesmo além dos limites que separam a parte reservada aos Magistrados;
b) nas salas e dependências de audiências, secretarias, cartórios, tabelionatos, ofícios da justiça, inclusive dos registros públicos, delegacias de polícia e estabelecimento de internação coletiva;
c) em qualquer recinto público ou privado, ressalvada a garantia constitucional de inviolabilidade de domicílio.
- *V.* LON, art. 25, VI.

VII - examinar, em qualquer Juízo ou Tribunal, autos de processos findos ou em andamento, ainda que conclusos à autoridade, podendo copiar peças e tomar apontamentos;
- *V.* LO, art. 34, II.

---

[2] ADIn 1115-4/DF - Aguarda julgamento, indeferida a liminar.
[3] Idem.

VIII - examinar, em qualquer repartição policial, autos de flagrante ou inquérito, findos ou em andamento, ainda que conclusos à autoridade, podendo copiar peças e tomar apontamentos;
- *V.* CF, art. 129, VII; LO, art. 34, I.

IX - ter acesso ao indiciado preso, a qualquer momento, mesmo quando decretada a sua incomunicabilidade;
- *V.* CF, art. 5°, LXII, LXIII e LXVIII, e art. 129, VIII; LON, art. 32, I; CPP, art. 21; LO, art. 34, II.
- *V.* CF, art. 136, § 3°, IV: se até no Estado de Sítio é vedada a incomunicabilidade, será que ela pode ser permitida nos outros casos? Parece que não.

X - usar as vestes talares e as insígnias privativas do Ministério Público;
- *V.* EMP, art. 59, II.

XI - tomar assento à direita dos Juízes de primeira instância ou do Presidente do Tribunal, Câmara ou Turma.
- *V.* LO, art. 34, VI; EMP, art. 59, III.

Parágrafo único. Quando no curso de investigação, houver indício da prática de infração penal por parte do membro do Ministério Público, a autoridade policial, civil ou militar remeterá, imediatamente, sob pena de responsabilidade, os respectivos autos ao Procurador-Geral de Justiça, a quem competirá dar prosseguimento à apuração.[4]
- *V.* LC 75/93, art. 18, parágrafo único; LO, art. 25, XVII; EMP, art. 59, § 2°.

Art. 42. Os membros do Ministério Público terão carteira funcional, expedida na forma da Lei Orgânica, valendo em todo o território nacional como cédula de identidade, e porte de arma, independentemente, neste caso, de qualquer ato formal de licença ou autorização.
- *V.* CF, art. 19, II; LC 75/93, art. 18, I, *e* e *f*; LO, art. 25, LVI; EMP, art. 60, I, e §§ 1° e 2°; Lei n° 9.437/97, art. 6° (Lei do Porte de Arma).

CAPÍTULO VII
Dos Deveres e Vedações dos Membros do Ministério Público

Art. 43. São deveres dos membros do Ministério Público, além de outros previstos em lei:
- *V.* LC 75/93, art. 236; EMP, art. 55.

I - manter ilibada conduta pública e particular;
- *V.* EMP, art. 55, *caput*.

II - zelar pelo prestígio da Justiça, por suas prerrogativas e pela dignidade de suas funções;
- *V.* EMP, art. 55, I.

III - indicar os fundamentos jurídicos de seus pronunciamentos processuais, elaborando relatório em sua manifestação final ou recursal;

---
[4] ADIn 1115-4/DF - Aguarda julgamento, indeferida a liminar.

- *V.* CF, art. 93, IX, e art. 129, VIII; EMP, art. 55, II.

IV - obedecer aos prazos processuais;
- *V.* EMP, art. 55, III e XIV.

V - assistir aos atos judiciais, quando obrigatória ou conveniente a sua presença;
- *V.* CPC, art. 246; CPP, art. 564, III, *d*; LON, art. 19, § 1º; EMP, art. 55, IV.

VI - desempenhar, com zelo e presteza, as suas funções;
- *V.* EMP, art. 55, V.

VII - declarar-se suspeito ou impedido, nos termos da lei;
- *V.* CPC, art. 138, I; CPP, arts. 112 e 258; LO, art. 27, VIII, *a*; EMP, art. 55, VI.

VIII - adotar, nos limites de suas atribuições, as providências cabíveis face à irregularidade de que tenha conhecimento ou que ocorra nos serviços a seu cargo;
- *V.* LON, art. 27, parágrafo único; EMP, art. 55, VII.

IX - tratar com urbanidade as partes, testemunhas, funcionários e auxiliares da Justiça;
- *V.* EMP, art. 55, VIII e XV.

X - residir, se titular, na respectiva Comarca;
- *V.* CF, art. 129, § 2º; CE, art. 108, § 4º, II; EMP, art. 55, IX.

XI - prestar informações solicitadas pelos órgãos da instituição;
- *V.* EMP, art. 55, X e XI.

XII - identificar-se em suas manifestações funcionais;

XIII - atender aos interessados, a qualquer momento, nos casos urgentes;
- *V.* EMP, art. 55, XVII.

XIV - acatar, no plano administrativo, as decisões dos órgãos da Administração Superior do Ministério Público.
- *V.* LON, arts. 10, XII, e 17, VI.

Art. 44. Aos membros do Ministério Público se aplicam as seguintes vedações:
- *V.* CF, art. 128, § 5º, II; CE, art. 113, II; EMP, art. 4º.

I - receber, a qualquer título e sob qualquer pretexto, honorários, percentagens ou custas processuais;
- *V.* EMP, art. 4º, VII.

II - exercer advocacia;
- *V.* LON, art. 38, § 4º, II; EOAB, arts. 1º e 28, II; EMP, art. 4º, I.

III - exercer o comércio ou participar de sociedade comercial, exceto como cotista ou acionista;
- *V.* EMP, art. 4º, III.

IV - exercer, ainda que em disponibilidade, qualquer outra função pública, salvo uma de Magistério;
- *V.* LON, art. 39, § 1º; EMP, art. 44, V.

V - exercer atividade político-partidária, ressalvada a filiação e as exceções previstas em lei.
- *V.* CF, art. 128, § 5°, inciso II, *e*; LC 75/93, art. 237, V; ADCT, art. 29, § 3°.
- Na ADIN 1377-7, o STF apenas admitiu a filiação partidária "se realizada nas hipóteses de afastamento, do integrante do *Parquet*, de suas funções institucionais, mediante licença, nos termos da lei".

Parágrafo único. Não constituem acumulação, para os efeitos do inciso IV deste artigo, as atividades exercidas em organismos estatais afetos à área de atuação do Ministério Público, em Centro de Estudo e Aperfeiçoamento de Ministério Público, em entidades de representação de classe e o exercício de cargos de confiança na sua administração e nos órgãos auxiliares.
- *V.* LON, art. 25, VII; LO, art. 27, III, *h*.

CAPÍTULO VIII
Dos Vencimentos, Vantagens e Direitos

- Onde se lê "Vencimentos", leia-se "subsídios", em face da nova redação dada ao art. 128, § 5°, I, letra *c*, da CF, pela EC 19/98, em seu art. 15.

Art. 45. O membro do Ministério Público, convocado ou designado para substituição, terá direito à diferença de vencimento entre o seu cargo e o que ocupar.
- *V.* art. 50, a seguir; LON, art. 10, IX, *f*, art. 15, V, e art. 22, III.

Art. 46. A revisão da remuneração dos membros do Ministério Público far-se-á na forma da lei estadual.
- *V.* LON, art. 3°, V e VI.

Art. 47. Os vencimentos dos membros do Ministério Público serão fixados com diferença não excedente a dez por cento de uma para outra entrância ou categoria, ou da entrância mais elevada para o cargo de Procurador-Geral de Justiça, garantindo-se aos Procuradores de Justiça não menos de noventa e cinco por cento dos vencimentos atribuídos ao Procurador-Geral.
- *V.* art. 49, a seguir; CE, art. 109, III; EMP, art. 62, § 1°.

Art. 48. A remuneração dos membros dos Ministérios Públicos dos Estados observará, como limite máximo, os valores percebidos como remuneração, em espécie, a qualquer título, pelos membros do Poder Judiciário local.
- *V.* EMP, art. 62.

Art. 49. Os vencimentos do Procurador-Geral de Justiça, em cada Estado, para efeito do disposto no § 1° do artigo 39 da Constituição Federal, guardarão equivalência com os vencimentos dos Desembargadores dos Tribunais de Justiça.[5]
- *V.* EMP, art. 61.

---

[5] ADIn 1274-6 - Aguarda julgamento. Mas o STF (DJ de 10/8/95) deferiu liminar para suspender, até decisão final, a eficácia desse artigo.

Art. 50. Além dos vencimentos, poderão ser outorgadas, a membro do Ministério Público, nos termos da lei, as seguintes vantagens:
- *V.* EMP, art. 64.

I - ajuda de custo, para despesas de transporte e mudança;
- *V.* EMP, arts. 64, II, e 78; LO, art. 27, IX, *b.*

II - auxílio-moradia, nas comarcas em que não haja residência oficial condigna para o membro do Ministério Público;

III - salário-família;
- *V.* CF, arts. 7°, XII, e 39, § 2°; § 1°, a seguir.

IV - diárias;
- *V.* EMP, arts. 64, III, e 79.

V - verba de representação de Ministério Público;
- *V.* § 3°, a seguir.

VI - gratificação pela prestação de serviço à Justiça Eleitoral, equivalente àquela devida ao Magistrado ante o qual oficiar;
- *V.* LON, art. 70.

VII - gratificação pela prestação de serviço à Justiça do Trabalho, nas comarcas em que não haja Junta de Conciliação e Julgamento;

VIII - gratificação adicional por ano de serviço, incidente sobre o vencimento básico e a verba de representação, observado o disposto do § 3° deste artigo e no inciso XIV do artigo 37 da Constituição Federal;
- *V.* EMP, art. 64, I, *h* e *i*, e art. 70.

IX - gratificação pelo efetivo exercício em Comarca de difícil provimento, assim definida e indicada em lei ou em ato do Procurador-Geral de Justiça;
- *V.* EMP, art. 64, I, *l.*

X - gratificação pelo exercício cumulativo de cargos ou funções;
- *V.* EMP, art. 64, I, *j.*

XI - verba de representação pelo exercício de cargos de direção ou de confiança junto aos órgãos da Administração Superior;
- *V.* EMP, art. 64, I, letras *a* a *g.*

XII - outras vantagens previstas em lei, inclusive as concedidas aos servidores públicos em geral.
- *V.* EMP, art. 64, I e IV.

§ 1° Aplicam-se aos membros do Ministério Público os direitos sociais previstos no artigo 7°, incisos VIII, XII, XVII, XVIII e XIX, da Constituição Federal.
- *V.* art. 52, a seguir.

§ 2º Computar-se-á, para efeito de aposentadoria, disponibilidade e adicionais por tempo de serviço, o tempo de exercício da advocacia, até o máximo de quinze anos.

- V. CF, art. 96, VI, e art. 129, § 4º; LC 75/93, art. 231, § 1º; art. 54, a seguir; EMP, art. 50, § 2º.

§ 3º Constitui parcela dos vencimentos, para todos os efeitos, a gratificação de representação de Ministério Público.

- V. EMP, art. 62, § 3º.

Art. 51. O direito a férias anuais, coletivas e individuais, do membro do Ministério Público, será igual ao dos Magistrados, regulando a Lei Orgânica a sua concessão e aplicando-se o disposto no artigo 7º, inciso XVII, da Constituição Federal.

- V. LOMAN, art. 66.

Art. 52. Conceder-se-á licença:
I - para tratamento de saúde;

- V. EMP, arts. 53, VII, 88, II, e 96.

II - por motivo de doença de pessoa da família;

- V. EMP, art. 53, VIII, 88, III, e 97 a 99.

III - à gestante;

- V. CF, art. 7º, XVIII; EMP, arts. 88, VIII, e 108.

IV - paternidade;

- V. CF, art. 7º, XIX.

V - em caráter especial;

- V. LC 75/93, art. 222, § 3º; CE, art. 33, § 4º; EMP, arts. 53, II, 88, V, e 103.

VI - para casamento, até oito dias;

- V. EMP, art. 53, III.

VII - por luto, em virtude de falecimento do cônjuge, ascendente, descendente, irmãos, sogros, noras e genros, até oito dias;

- V. EMP, art. 53, IV.

VIII - em outros casos previstos em lei.

- V. EMP, art. 53, V, VI, IX a XIII.

Parágrafo único. A Lei Orgânica disciplinará as licenças referidas neste artigo, não podendo o membro do Ministério Público, nessas situações, exercer qualquer de suas funções.

- V. EMP, art. 88, §§ 1º e 2º.

Art. 53. São considerados como de efetivo exercício, para todos os efeitos legais, exceto para vitaliciamento, os dias em que o membro do Ministério Público estiver afastado de suas funções em razão:

- V. CF, art. 128, § 5º, I, a; LON, art. 38, I; LC 40/81, art. 46; EMP, art. 53.

- Embora considere de extrema valia para a Administração do Ministério Público a restrição posta, entendo-a inconstitucional em face do que dispõe a Constituição Federal, em seu art. 128, § 5°, I, *a*: "vitaliciedade, após dois anos de exercício".

I - de licença prevista no artigo anterior;
II - de férias;
- *V.* EMP, art. 53, I, e arts. 89 a 95.

III - de cursos ou seminários de aperfeiçoamento e estudos no País ou no exterior, de duração máxima de dois anos e mediante prévia autorização do Conselho Superior do Ministério Público;
- *V.* LON, art. 15, XI; LO, art. 27, VI, *a*; EMP, art. 53, X.

IV - de período de trânsito;
- *V.* EMP, arts. 26, § 7°, e 53, XV.

V - de disponibilidade remunerada, exceto para promoção, em caso de afastamento decorrente de punição;
- *V.* LON, arts. 15, VIII, 39 e parágrafos, e 66, § 1°; EMP, art. 53, XIV.

VI - de designação do Procurador-Geral de Justiça para:
a) realização de atividade de relevância para a instituição;
- *V.* EMP, art. 53, V.

b) direção de Centro de Estudos e Aperfeiçoamento Funcional do Ministério Público.
- *V.* LON, art. 35; LO, art. 25, XV; EMP, art. 53, V.

VII - de exercício de cargos ou de funções de direção de associação representativa de classe, na forma da Lei Orgânica;
- *V.* LO, art. 25, XV.

VIII - de exercício das atividades previstas no parágrafo único do artigo 44 desta Lei;
- *V.* EMP, art. 53, V.

IX - de outras hipóteses definidas em lei.

Art. 54. O membro do Ministério Público será aposentado, com proventos integrais, compulsoriamente, por invalidez ou aos setenta anos de idade, e, facultativamente, aos trinta anos de serviço, após cinco anos de efetivo exercício na carreira.
- *V.* CF, art. 93, VI, e art. 129, § 4°; LON, arts. 50, § 2°, e 67; EMP, arts. 48 a 50; EC 20/98, art. 8°, §§ 2° e 3°.

Art. 55. Os proventos da aposentadoria, que corresponderão à totalidade dos vencimentos percebidos no serviço ativo, a qualquer título, serão revistos na mesma proporção e na mesma data, sempre que se modificar a remuneração dos membros do Ministério Público em atividade, sendo também estendidos aos inativos quaisquer benefícios ou vantagens posteriormente concedidos àqueles, inclusive quando decorrentes de transformação ou reclassificação do cargo ou função em que se deu a aposentadoria.
- *V.* LC 75/93, art. 232, parágrafo único.

Parágrafo único. Os proventos dos membros do Ministério Público aposentados serão pagos na mesma ocasião em que o forem os vencimentos dos membros do Ministério Público em atividade, figurando em folha de pagamento expedida pelo Ministério Público.

* V. LON, art. 3°, III.

Art. 56. A pensão por morte, igual à totalidade dos vencimentos ou proventos percebidos pelos membros em atividade ou inatividade do Ministério Público, será reajustada na mesma data e proporção daqueles.

* V. EMP, art. 81.

Parágrafo único. A pensão obrigatória não impedirá a percepção de benefícios decorrentes de contribuição voluntária para qualquer entidade de previdência.

Art. 57. Ao cônjuge sobrevivente e, em sua falta, aos herdeiros ou dependentes de membro do Ministério Público, ainda que aposentado ou em disponibilidade, será pago o auxílio-funeral, em importância igual a um mês de vencimentos ou proventos percebidos pelo falecido.

* V. EMP, art. 80.

Art. 58. Para os fins deste Capítulo, equipara-se à esposa a companheira, nos termos da lei.

* V. CF, art. 226, § 3°; Lei n° 9.278/96 (que regulou o referido § 3°).

CAPÍTULO IX
Da Carreira

Art. 59. O ingresso nos cargos iniciais da carreira dependerá de aprovação prévia em concurso público de provas e títulos, organizado e realizado pela Procuradoria-Geral de Justiça, com participação da Ordem dos Advogados do Brasil.

* V. CF, arts. 127, § 2°, e 129, § 3°; LON, arts. 15, III, e 34; CE, art. 108, § 4°, IV; LO, art. 25, XXV, e art. 27, X; EMP, art. 5°.

§ 1° É obrigatória a abertura do concurso de ingresso quando o número de vagas atingir a um quinto dos cargos iniciais da carreira.

* V. LC 75/93, art. 186, parágrafo único; LO, art. 27, III, c; EMP, art. 5°, § 3°.

§ 2° Assegurar-se-ão ao candidato aprovado a nomeação e a escolha do cargo, de acordo com a ordem de classificação no concurso.

* V. CF, art. 37, III; EMP, art. 18, parágrafo único, e art. 20, § 1°.

§ 3° São requisitos para o ingresso na carreira, dentre outros estabelecidos pela Lei Orgânica:

* V. EMP, art. 6° e parágrafos.

I - ser brasileiro;

II - ter concluído o curso de bacharelado em Direito, em escola oficial ou reconhecida;

III - estar quite com o serviço militar;

- *V.* CF, art. 143.

IV - estar em gozo dos direitos políticos.

- *V.* CF, art. 15.

§ 4º O candidato nomeado deverá apresentar, no ato de sua posse, declaração de seus bens e prestar compromisso de desempenhar, com retidão, as funções do cargo e de cumprir a Constituição e as leis.

- *V.* Lei nº 8.429/92, art. 13; EMP, arts. 21 a 24.

Art. 60. Suspende-se, até definitivo julgamento, o exercício funcional de membro do Ministério Público quando, antes do decurso do prazo de dois anos, houver impugnação de seu vitaliciamento.

- *V.* LON, art. 12, VIII, *a*, e art. 17, III; LO, arts. 14, III, e 28, VIII; EMP, arts. 23 a 25, e art. 162.

§ 1º A Lei Orgânica disciplinará o procedimento de impugnação, cabendo ao Conselho Superior do Ministério Público decidir, no prazo máximo de sessenta dias, sobre o não vitaliciamento e ao Colégio de Procuradores, em trinta dias, eventual recurso.

- *V.* LON, arts. 15, VII, e 17, III; EMP, arts. 23 a 25.

§ 2º Durante a tramitação do procedimento de impugnação, o membro do Ministério Público perceberá vencimentos integrais, contando-se para todos os efeitos o tempo de suspensão do exercício funcional, no caso de vitaliciamento.

- *V.* EMP, art. 163.

Art. 61. A Lei Orgânica regulamentará o regime de remoção e promoção dos membros do Ministério Público, observados os seguintes princípios:

- *V.* CF, arts. 93, II e III, e 129, § 4º; EMP, arts. 26 a 31.

I - promoção voluntária, por antigüidade e merecimento, alternadamente, de uma para outra entrância ou categoria e da entrância ou categoria mais elevada para o cargo de Procurador de Justiça, aplicando-se, por assemelhação, o disposto no artigo 93, incisos III e VI, da Constituição Federal;

- *V.* LON, art. 15, IV, e § 2º; CE, art. 108, § 4º, III; LO, art. 27, § 2º; EMP, art. 26 e § 1º.

II - apurar-se-á a antigüidade na entrância e o merecimento pela atuação do membro do Ministério Público em toda a carreira, com prevalência de critérios de ordem objetiva, levando-se inclusive em conta sua conduta, operosidade e dedicação no exercício do cargo, presteza e segurança nas suas manifestações processuais, o número de vezes que já tenha participado de listas, bem como a freqüência e o aproveitamento em cursos oficiais, ou reconhecidos, de aperfeiçoamento;

- *V.* LON, art. 10. VI, e art. 15, § 3º; LO, art. 27, § 3º; EMP, art. 26, §§ 2º e 3º, e art. 27.

III - obrigatoriedade de promoção do Promotor de Justiça que figure por três vezes consecutivas ou cinco alternadas em lista de merecimento;

IV - a promoção por merecimento pressupõe dois anos de exercício na respectiva entrância ou categoria e integrar o Promotor de Justiça a primeira quinta parte da lista de antigüidade, salvo se não houver com tais requisitos quem aceite o lugar vago, ou quando o número limitado de membros do Ministério Público inviabilizar a formação de lista tríplice;

- *V.* CE, art. 108, § 4º, III; EMP, art. 28.

V - a lista de merecimento resultará dos três nomes mais votados, desde que obtida maioria de votos, procedendo-se para alcançá-la, a tantas votações quantas necessárias, examinados em primeiro lugar os nomes dos remanescentes de lista anterior;

VI - não sendo caso de promoção obrigatória, a escolha recairá no membro do Ministério Público mais votado, observada a ordem dos escrutínios, prevalecendo, em caso de empate, a antigüidade na entrância ou categoria, salvo se preferir o Conselho Superior delegar a competência ao Procurador-Geral de Justiça.

Art. 62. Verificada a vaga para remoção ou promoção, o Conselho Superior do Ministério Público expedirá, no prazo máximo de sessenta dias, edital para preenchimento do cargo, salvo se ainda não instalado.

- *V.* LON, art. 15, II e IV.

Art. 63. Para cada vaga destinada ao preenchimento por remoção ou promoção, expedir-se-á edital distinto, sucessivamente, com a indicação do cargo correspondente à vaga a ser preenchida.

Art. 64. Será permitida a remoção por permuta entre membros do Ministério Público da mesma entrância ou categoria, observado, além do disposto na Lei Orgânica:

- *V.* LON, art. 15, VI; LO, art. 27, V, *a*; EMP, art. 36.

I - pedido escrito e conjunto, formulado por ambos os pretendentes;

II - a renovação de remoção por permuta somente permitida após o decurso de dois anos;

III - que a remoção por permuta não confere direito a ajuda de custo.

- *V.* LON, art. 50, I; LO, art. 27, IX, *b*; EMP, art. 78.

Art. 65. A Lei Orgânica poderá prever a substituição por convocação, em caso de licença do titular de cargo da carreira ou de afastamento de suas funções junto à Procuradoria ou Promotoria de Justiça, somente podendo ser convocados membros do Ministério Público.

* *V.* CF, art. 129, § 2º; LON, art. 10, VI e IX, *f,* art. 15, V, art. 22, III, e art. 25, parágrafo único.

Art. 66. A reintegração, que decorrerá de sentença transitada em julgado, é o retorno do membro do Ministério Público ao cargo, com ressarcimento dos vencimentos e vantagens deixados de perceber em razão do afastamento, inclusive a contagem do tempo de serviço.

* *V.* LON, art. 38, I, e §§ 1º e 2º; EMP, art. 38.

§ 1º Achando-se provido o cargo no qual será reintegrado o membro do Ministério Público, o seu ocupante passará à disponibilidade, até posterior aproveitamento.

* *V.* LON, art. 39; EMP, art. 38, § 1º e § 2º.

§ 2º O membro do Ministério Público reintegrado será submetido a inspeção médica e, se considerado incapaz, será aposentado compulsoriamente, com as vantagens a que teria direito se efetivada a reintegração.

* *V.* EMP, art. 38, § 3º.

Art. 67. A reversão dar-se-á na entrância em que se aposentou o membro do Ministério Público, em vaga a ser provida pelo critério de merecimento, observados os requisitos legais.

* *V.* LON, art. 54; LO, art. 27, VIII, *c*; EMP, art. 42 e § 1º.

Art. 68. O aproveitamento é o retorno do membro do Ministério Público em disponibilidade ao exercício funcional.

* *V.* LON, arts. 15, VIII, e 39; EMP, art. 43.

§ 1º O membro do Ministério Público será aproveitado no órgão de execução que ocupava quando posto em disponibilidade, salvo se aceitar outro de igual entrância ou categoria, ou se for promovido.

* *V.* LON, art. 66, § 1º.

§ 2º Ao retornar à atividade, será o membro do Ministério Público submetido a inspeção médica e, se julgado incapaz, será aposentado compulsoriamente, com as vantagens a que teria direito se efetivado o seu retorno.

* *V.* LON, art. 66, § 2º; EMP, art. 38, § 3º.

CAPÍTULO X
Das Disposições Finais e Transitórias

Art. 69. Os Ministérios Públicos dos Estados adequarão suas tabelas de vencimentos ao disposto nesta Lei, visando à revisão da remuneração dos seus membros e servidores.

* *V.* CF, art. 127, §§ 2º e 3º; LON, art. 3º, V e VI, art. 12, III, e arts. 47 a 50.

Art. 70. Fica instituída a gratificação pela prestação de serviço à Justiça Eleitoral, de que trata o artigo 50, VI, desta Lei.

* *V.* LC 75/93, art. 80; LON, art. 50, VI.

Art. 71. (VETADO)

Art. 72. Ao membro ou servidor do Ministério Público é vedado manter, sob sua chefia imediata, em cargo ou função de confiança, cônjuge, companheiro, ou parente até o segundo grau civil.

* *V.* CE, art. 20, § 5º.

Art. 73. Para exercer as funções junto à Justiça Eleitoral, por solicitação do Procurador-Geral da República, os membros do Ministério Público do Estado serão designados, se for o caso, pelo respectivo Procurador-Geral de Justiça.

* *V.* LC 75/93, arts. 78 a 80; LON, art. 10, IX, *h*, e art. 32, III.

§ 1º Não ocorrendo designação, exclusivamente para os serviços eleitorais, na forma do *caput* deste artigo, o Promotor eleitoral será o membro do Ministério Público local que oficie perante o Juízo incumbido daqueles serviços.

§ 2º Havendo impedimento ou recusa justificável, o Procurador-Geral de Justiça designará o substituto.

* *V.* LON, art. 10, IX, *f*.

Art. 74. Para fins do disposto no artigo 104, parágrafo único, inciso II, da Constituição Federal e observado o que dispõe o artigo 15, inciso I, desta Lei, a lista sêxtupla de membros do Ministério Público será organizada pelo Conselho Superior de cada Ministério Público dos Estados.

* *V.* LON, art. 10, XIII; LOMAN, art. 100.

Art. 75. Compete ao Procurador-Geral de Justiça, ouvido o Conselho Superior do Ministério Público, autorizar o afastamento da carreira de membro do Ministério Público que tenha exercido a opção de que trata o artigo 29, § 3º, do Ato das Disposições Constitucionais Transitórias, para exercer o cargo, emprego ou função de nível equivalente ou maior na Administração Direta ou Indireta.

* *V.* LC 40/81, art. 42, II; LON, art. 10, IX, *c*, e art. 25, VII.

Parágrafo único. O período de afastamento da carreira estabelecido neste artigo será considerado de efetivo exercício, para todos os efeitos legais, exceto para remoção ou promoção por merecimento.

* *V.* LON, arts. 53, IX, e 61, II.

Art. 76. A Procuradoria-Geral de Justiça deverá propor, no prazo de um ano da promulgação desta Lei, a criação ou transformação de cargos correspondentes às funções não atribuídas aos cargos já existentes.

* *V.* LON, art. 3º, V, art. 10, IV, e art. 12, III.

Parágrafo único. Aos Promotores de Justiça que executem as funções previstas neste artigo assegurar-se-á preferência no concurso de remoção.[6]

---
[6] ADIn 1283-5 - Aguarda julgamento, indeferida a liminar.

Art. 77. No âmbito do Ministério Público, para os fins do disposto no artigo 37, inciso XI, da Constituição Federal, ficam estabelecidos como limite de remuneração os valores percebidos em espécie, a qualquer título, pelo Procurador-Geral de Justiça.
- *V. LON, arts. 47 a 49.*

Art. 78. O Ministério Público poderá firmar convênios com as associações de membros de instituição com vistas à manutenção de serviços assistenciais e culturais a seus associados.
- No Rio Grande do Sul, com a Associação do Ministério Público do Rio Grande do Sul.

Art. 79. O disposto nos artigos 57 e 58 desta Lei aplica-se, a partir de sua publicação, aos proventos e pensões anteriormente concedidos, não gerando efeitos financeiros anteriormente à sua vigência.
- *V. LON, arts. 55 e 56.*

Art. 80. Aplicam-se aos Ministérios Públicos dos Estados, subsidiariamente, as normas da Lei Orgânica do Ministério Público da União.
- *V. LC 75/93.*

Art. 81. Os Estados adaptarão a organização de seu Ministério Público aos preceitos desta Lei, no prazo de cento e vinte dias a contar de sua publicação.
- No Rio Grande do Sul, estão em vigor a Lei nº 7.669/82 (Lei Orgânica do Ministério Público) e a Lei nº 6.536/73 (Estatuto do Ministério Público), ambas com várias alterações sofridas, já constantes no texto.

Art. 82. O dia 14 de dezembro será considerado Dia Nacional do Ministério Público.
- É o dia em que foi sancionada a anterior Lei Orgânica Nacional do Ministério Público (LC 40/81).
  Também o dia 29/06 é comemorado, no Rio Grande do Sul, como o Dia do Ministério Público, em face da Constituição Estadual de 1935, publicada no Diário Oficial dessa mesma data, e que, à semelhança da CF/34, conferiu ao Ministério Público, dentro do Título III ("Órgãos de cooperação nas atividades governamentais"), um capítulo separado dos demais poderes.

Art. 83. Esta Lei entra em vigor na data de sua publicação.
- A Lei Orgânica Nacional foi publicada no Diário Oficial da União de 15/02/93.

Art. 84. Revogam-se as disposições em contrário.
- *V. CF, art. 29, § 3º, do Ato das Disposições Constitucionais Transitórias.*

Lei Orgânica do
Ministério Público do Rio Grande do Sul

LEI Nº 7.669, DE 17 DE JUNHO DE 1982.[1]
- V. CF, arts. 127, § 2º, e 128, § 5º; LON, art. 2º; CE, art. 108.
- Nas anotações que seguem, esta lei é designada pela sigla LO.

Título I
DAS DISPOSIÇÕES PRELIMINARES

Art. 1º O Ministério Público é instituição permanente, essencial à função jurisdicional do Estado, incumbindo-lhe a defesa da ordem jurídica, do regime democrático, dos interesses sociais e dos interesses individuais indisponíveis.[2]
- V. CF, art. 127; LC 75/93, art. 1º; LON, art. 1º; CE, art. 107.

Parágrafo único. São princípios institucionais do Ministério Público a unidade, a indivisibilidade e a independência funcional.
- V. CF, art. 127, § 1º; LC 75/93, art. 4º; LON, arts. 1º, parágrafo único, e 41, V.

Art. 2º Ao Ministério Público é assegurada autonomia funcional, administrativa e financeira, cabendo-lhe, especialmente:[3]
- V. CF, arts. 85, II, 127, §§ 2º e 3º, 168 e 169; LC 75/93, art. 22; LON, arts. 3º e 4º; CE, art. 109 e seu parágrafo único, e art. 110; LO, art. 25, I, II, VI a VIII, XXXII, XXXIV e XXXV, LI e LV.

I - praticar atos próprios de gestão;

II - praticar atos e decidir sobre a situação funcional e administrativa do pessoal, ativo e inativo, da carreira e dos serviços auxiliares, organizados em quadros próprios;

---

[1] Alterada pelas Leis nºs 7.744/82, 7.755/82, 7.834/83, 7.997/85, 8.147/86, 8.149/86, 8.155/86, 8.161/86, 8.267/86, 8.651/88, 8.871/89, 9.195/91, 9.505/92, 9.686/92, 9.727/92, 9.763/92, 10.558/95, 10.730/96, 10.871/96, 10.927/97, 11.003/97, 11.168/98, 11.252/98, 11.282/98, 11.295/98, 11.297/98, 11.301/98, 11.350/99 e 11.356/99.

[2] Redação do *caput* do art. 1º e seu parágrafo único dada pela Lei nº 11.301/98.

[3] Redação de *caput* do art. 2º e de seus respectivos incisos e parágrafos dada pela Lei nº 11.301/98.

III - elaborar suas folhas de pagamento e expedir os competentes demonstrativos;

IV - adquirir bens e contratar serviços, efetuando a respectiva contabilização;

V - propor ao Poder Legislativo a criação e a extinção de seus cargos, bem como a fixação e o reajuste dos vencimentos de seus membros;

VI - prover a política remuneratória e os planos de carreira dos seus membros e dos seus servidores;

- Este inciso está de acordo com o art. 14 da EC 19/98, que deu nova redação ao § 2º do art. 127 da Constituição Federal.

VII - propor ao Poder Legislativo a criação e a extinção dos cargos de seus serviços auxiliares, bem como a fixação e o reajuste dos vencimentos de seus servidores;

VIII - prover os cargos iniciais da carreira e dos serviços auxiliares, bem como nos casos de remoção, promoção e demais formas de provimento derivado;

IX - editar atos de aposentadoria, exoneração e outros que importem em vacância de cargos de carreira e dos serviços auxiliares, bem como os de disponibilidade de membros do Ministério Público e de seus servidores;

X - organizar suas secretarias e os serviços auxiliares das Procuradorias e das Promotorias de Justiça;

XI - compor os seus órgãos de administração;

XII - elaborar os regimentos internos dos seus órgãos colegiados e os da própria Instituição;

- *V.* Regimento Interno do Órgão Especial do Colégio de Procuradores; Regimento Interno do Conselho Superior do Ministério Público.

XIII - exercer outras competências dela decorrentes.

§ 1º As decisões do Ministério Público, fundadas em sua autonomia funcional, administrativa e financeira, obedecidas as formalidades legais, têm eficácia plena e executoriedade imediata, ressalvada a competência constitucional do Poder Judiciário e do Tribunal de Contas.

- *V.* LON, art. 3º, parágrafo único.

§ 2º O Ministério Público elaborará sua proposta orçamentária conjuntamente com os Poderes de Estado, dentro dos limites estabelecidos na Lei de Diretrizes Orçamentárias, encaminhando-a, diretamente, ao Governador do Estado, que a submeterá ao Poder Legislativo.

- *V.* CF, art. 127, § 3º; LON, art. 4º; CE, art. 110.

§ 3º Os recursos correspondentes às suas dotações orçamentárias próprias e globais, compreendidos os créditos suplementares e especiais, ser-lhe-ão entregues até o dia vinte de cada mês, sem vinculação a qualquer tipo de despesa.

- *V.* CF, art. 168; LON, art. 4º, § 1º.

§ 4º A fiscalização contábil, financeira, orçamentária, operacional e patrimonial do Ministério Público, quanto à legalidade, legitimidade, moralidade, publicidade, eficiência, eficácia, economicidade, aplicação de subvenções, de recursos financeiros próprios e renúncia de receitas, será exercida pela Assembléia Legislativa, com auxílio do Tribunal de Contas, mediante controle externo e pelo sistema de controle interno estabelecido através de Provimento do Procurador-Geral de Justiça.

- V. LON, art. 4º, § 2º; CE, arts. 70 e 108, § 3º.
- Foi o Provimento 02/98 que instituiu a Comissão Permanente de Controle Interno, no âmbito do Ministério Público do Rio Grande do Sul, conforme o art. 70 da Constituição Federal e da Constituição Estadual.

Título II
DA ORGANIZAÇÃO DO MINISTÉRIO PÚBLICO

Capítulo I
DOS ÓRGÃOS DO MINISTÉRIO PÚBLICO[4]

Art. 3º O Ministério Público compreende: Órgãos de Administração Superior, Órgãos de Administração, Órgãos de Execução e Órgãos Auxiliares.[5]

§ 1º São Órgãos da Administração Superior do Ministério Público:
- V. LON, art. 5º.

I - a Procuradoria-Geral de Justiça;
- V. LON, arts. 5º, I, e 9º; LO, art. 25.

II - o Colégio de Procuradores de Justiça;
- V. LON, arts. 12 e 13; LO, art. 8º.

III - o Conselho Superior do Ministério Público;
- V. LON, arts. 5º, III, e 14; LO, arts. 11, 12 e 17.

IV - a Corregedoria-Geral do Ministério Público.
- V. LON, arts. 5º, IV, e 16 a 18; LO, arts. 13 a 15 e 28.

§ 2º São, também, Órgãos de Administração do Ministério Público:
- V. LON, arts. 19 a 23; LO, arts. 21 a 23.

I - as Procuradorias de Justiça;
II - as Promotorias de Justiça;

§ 3º São Órgãos de Execução do Ministério Público:
I - o Procurador-Geral de Justiça;
- V. LON, art. 10, IX, letras d a g, e art. 29; art. 4º, a seguir.

---
[4] Redação da Lei nº 11.003, de 19/08/1997.
[5] Redação do *caput* e dos parágrafos dada pela Lei nº 11.003, de 19/08/1997.

II - o Conselho Superior do Ministério Público;
- *V.* LON, arts. 7°, II, 14 e 30; LO, arts. 11, 12 e 27.

III - os Procuradores de Justiça;
- *V.* LON, arts. 7°, III, e 31; LO, art. 29.

IV - os Promotores de Justiça.
- *V.* LON, arts. 7°, IV, 24 e 32; LO, arts. 30 a 33.

§ 4° São Órgãos Auxiliares do Ministério Público:
- A Comissão de Concurso e o Centro de Estudos e Aperfeiçoamento Funcional também o são, conforme o art. 8° da LON.
A Procuradoria de Fundações igualmente é órgão auxiliar, segundo o art. 19 desta Lei (seção IV do cap. II - dos Órgãos Auxiliares).

I - a Subprocuradoria-Geral de Justiça para Assuntos Jurídicos;
- *V.* LO, art. 17, § 1°.

II - a Subprocuradoria-Geral de Justiça para Assuntos Administrativos;
- *V.* LO, art. 17, § 2°.

III - os Centros de Apoio Operacional;
- *V.* LON, art. 8°, I.

IV - a Supervisão das Coordenadorias;
- *V.* LO, art. 20, § 2°.

V - as Coordenadorias das Promotorias;
- *V.* LO, art. 20.

VI - o Gabinete de Pesquisa e Planejamento;
- *V.* LO, arts. 17, § 2°, e 18.

VII - os Órgãos de Apoio Administrativo;
- *V.* LON, arts. 8°, IV, e 36.

VIII - os Estagiários.
- *V.* LON, art. 37; LO, arts. 24 e 35.

Seção I
DA PROCURADORIA-GERAL DE JUSTIÇA

Art. 4° O Procurador-Geral de Justiça é o chefe do Ministério Público, incumbindo-lhe a sua administração e a da Procuradoria-Geral de Justiça.[6]
- *V.* LON, art. 10, I; EMP, art. 2°.

§ 1° O Procurador-Geral de Justiça será nomeado pelo Governador do Estado, para um mandato de 2 (dois) anos, dentre os Procuradores de Justiça no efetivo exercício do cargo, indicados em lista tríplice.
- *V.* LON, art. 9°; CE, art. 108.

---

[6] *Caput* do artigo 4°, incisos e parágrafos com redação alterada pela Lei n° 11.350/99.

§ 2º Será permitida uma recondução por igual período, observado o mesmo procedimento.

- *V.* CF, art. 127, § 3º; LON, art. 9º; CE, art. 108.

§ 3º A formação da lista tríplice de que trata o parágrafo 1º far-se-á mediante voto secreto, podendo o membro do Ministério Público em efetivo exercício votar em até três nomes habilitados.

- *V.* LON, art. 9º, § 1º.

§ 4º O Procurador-Geral de Justiça tomará posse em sessão pública e solene do Colégio de Procuradores.

- *V.* LO, art. 8º, IX.
- Desde 1993, a posse tem ocorrido em 07/04.

§ 5º O Procurador-Geral de Justiça tem prerrogativas e representação de Chefe de Poder.

§ 6º O Procurador-Geral de Justiça, mediante edital amplamente divulgado, convocará a eleição para a formação da lista tríplice com, no mínimo, 60 (sessenta) dias de antecedência, nomeando a Comissão Eleitoral, na forma do artigo 5º e seus parágrafos.

§ 7º O Procurador de Justiça que pretender concorrer deverá apresentar sua candidatura à Comissão Eleitoral até 40 (quarenta) dias antes da data marcada para a eleição.

§ 8º É inelegível para a lista tríplice o Procurador de Justiça que não tenha se afastado, no prazo de 40 (quarenta) dias antes da eleição, de qualquer dos seguintes cargos ou funções:

I - Procurador-Geral de Justiça, Subprocurador-Geral de Justiça para Assuntos Jurídicos e Subprocurador-Geral de Justiça para Assuntos Administrativos;

- *V.* § 10, a seguir.

II - Corregedor-Geral do Ministério Público;

III - Procuradores de Justiça que exerçam funções de confiança no Ministério Público;

IV - dirigentes de entidades classistas e culturais, vinculadas ao Ministério Público;

§ 9º São inelegíveis os membros do Ministério Público que:

I - aposentados ou quem, por qualquer modo, se encontre afastado da carreira;

II - tiverem sido condenados por crimes dolosos, com decisão transitada em julgado;

III - tiverem sido condenados a pena disciplinar e desde que não reabilitados;

IV - estiverem inscritos ou integrarem as listas a que se referem os artigos 94, *caput*, e 104, parágrafo único, inciso II, da Constituição Federal.

§ 10 Se o Procurador-Geral de Justiça pretender concorrer, para fim de recondução, deverá apresentar sua candidatura à Comissão Eleitoral até 40 (quarenta) dias antes da eleição.

- *V. § 8º, I, deste artigo.*

§ 11 Dentro de 72 (setenta e duas) horas, após o encerramento do prazo para a apresentação de candidaturas, a Comissão Eleitoral divulgará, através do Diário Oficial, observada a ordem alfabética, os nomes dos candidatos à formação da lista tríplice que preencherem os requisitos legais.

§ 12 O prazo para impugnação de candidaturas será de 5 (cinco) dias a contar da data da publicação da nominata dos candidatos à formação da lista tríplice.

§ 13 A impugnação poderá ser feita por qualquer membro do Ministério Público no exercício de suas funções, por escrito, à Comissão Eleitoral, que terá 72 (setenta e duas) horas para decidir.

§ 14 Decorrido o prazo do parágrafo 11, não havendo impugnações, os nomes serão homologados pela Comissão Eleitoral, que fará a divulgação, no âmbito do Ministério Público, da nominata dos elegíveis.

§ 15 No caso de não haver número suficiente de candidatos à formação de lista tríplice, serão considerados elegíveis todos os membros do Colégio de Procuradores, em efetivo exercício, que não manifestarem recusa expressa no prazo de 30 (trinta) dias antes da eleição, ressalvadas as hipóteses do parágrafo 7º.

- *V. tembém, o § 8º.*

Art. 5º A eleição para a formação da lista tríplice será presidida e apurada por uma Comissão Eleitoral constituída pelos três Procuradores de Justiça mais antigos no cargo, em efetivo exercício, e que se tenham manifestado, expressamente, pela recusa em concorrer em ofício dirigido ao Procurador-Geral de Justiça, sob a presidência do mais antigo entre eles, observado o seguinte:[7]

I - será realizada no horário compreendido entre as 8h e as 17h, ininterruptamente, no edifício-sede da Procuradoria-Geral de Justiça;

- *A lei anterior previa a realização da eleição no terceiro sábado de março dos anos ímpares.*

II - encerrada a votação e feita a apuração dos votos, a Comissão Eleitoral organizará a lista em ordem decrescente de votação, devendo nela constar o número de votos de cada integrante, o número de votos nulos e brancos e, ainda, o índice de abstenção, proclamando a composição da lista com os três candidatos mais votados;

III - em caso de empate no número de votos para compor a lista, obedecer-se-á, para desempate, a antiguidade na carreira. Persistindo o empate, preferirá o mais idoso;

---

[7] *Caput* do art. 5º, incisos e parágrafos com redação alterada pela Lei 11.350/99.

IV - cada candidato à lista tríplice poderá indicar, à Comissão Eleitoral, até 72 (setenta e duas) horas antes da eleição, um fiscal, integrante da carreira, para acompanhar a votação, a apuração dos votos, a organização da lista tríplice e a proclamação dos eleitos.

§ 1º Exceto para os membros do Ministério Público com atuação na Capital do Estado, é admitido o voto por via postal, desde que postado na Comarca de atuação do eleitor e recebido no Protocolo da Procuradoria-Geral de Justiça até o encerramento da votação.

§ 2º A lista tríplice será entregue ao Governador do Estado pelo Procurador-Geral de Justiça em exercício no primeiro dia útil após a eleição.

§ 3º Caso o Chefe do Poder Executivo não efetive a nomeação do Procurador-Geral de Justiça nos 15 (quinze) dias que se seguirem ao recebimento da lista, será investido no cargo o membro do Ministério Público mais votado, para o exercício do mandato, na forma do artigo 108, § 1º, da Constituição Estadual.

- V. LON, art. 9º, § 4º; CE, art. 108, § 1º.

§ 4º A Presidência da Comissão Eleitoral poderá requisitar os servidores necessários ao desenvolvimento dos trabalhos.

Art. 6º Ocorrendo vacância no cargo de Procurador-Geral de Justiça, assumirá o Procurador de Justiça indicado, em sessão extraordinária do Órgão Especial do Colégio de Procuradores, convocada e presidida pelo Corregedor-Geral do Ministério Público, que deverá marcar nova eleição no prazo de 60 (sessenta) dias, nos termos dos artigos 4º e 5º desta Lei.[8]

- V. LON, art. 9º, § 3º.

§ 1º São formas de vacância a destituição, a renúncia, a exoneração, a aposentadoria e a morte.

§ 2º Nos impedimentos e suspeições, a função de Procurador-Geral de Justiça será exercida, interinamente, pelo Procurador de Justiça mais antigo na carreira.

- V. LON, art. 9º, § 3º; LO, art. 17, § 1º, I, e § 2º, I; EMP, art. 8º, §§ 3º e 4º, e art. 74.

Art. 7º O Procurador-Geral de Justiça poderá ser destituído por deliberação da maioria da Assembléia Legislativa, nos casos e na forma da lei complementar estadual.[9]

- V. CF, art. 128, § 4º; LON, art. 9º, § 2º, e art. 12, IV; CE, art. 53, XXX, e art. 108, § 2º.
- A redação desse artigo está equivocada ao exigir maioria simples da Assembléia Legislativa para a destituição do Procurador-Geral de Justiça, já que a CF, a CE e a LON exigem maioria absoluta, de acordo com os artigos acima citados.

---

[8] *Caput* do art. 6º e seus parágrafos com redação alterada pela Lei nº 11.350/99.
[9] *Caput* do art. 7º com redação alterada pela Lei nº 11.350/99.

- Há entendimento de que o art. 9º, § 2º, LON, é inconstitucional. Contudo, entendo que esse parágrafo está conforme com a idéia de garantia do Procurador-Geral de Justiça, de acordo com os seguintes passos:
  1. Cabe a qualquer cidadão a iniciativa de levar ao Colégio de Procuradores a prática de abuso de poder por parte do Procurador-Geral de Justiça.
  2. É necessário (LON, art. 12, IV) que o processo de impedimento tenha início por proposta da maioria absoluta do Colégio de Procuradores. Além disso, segundo a LON, art. 9º, § 2º, a Assembléia Legislativa deverá autorizar, por 1/3 de seus membros, que essa proposta tenha seguimento.
  3. Dada a autorização, o processo de impedimento tem andamento, com a decisão final a ser tomada por, pelo menos, 2/3 dos integrantes do Colégio de Procuradores, conforme o inc. IV do art. 12 da LON.
  4. Acolhida a proposta de impedimento, será novamente encaminhada à Assembléia Legislativa, para decisão conforme a CF, art. 128, 4º, sendo ela mesma que destitui o Procurador-Geral de Justiça do mandato.

Seção II
DO COLÉGIO DE PROCURADORES

Art. 8º Ao Colégio de Procuradores de Justiça, presidido pelo Procurador-Geral de Justiça e composto por todos os Procuradores de Justiça em exercício do cargo, compete:[10]

- *V.* LON, arts. 12 e 13, parágrafo único; EMP, art. 2º.
- Na realidade, à totalidade dos Procuradores de Justiça (125) compete as atribuições dos incisos I a VII (em itálico, a seguir), visto o § 1º do art. 9º desta lei.

I - *opinar, por solicitação do Procurador-Geral de Justiça ou de um quarto (1/4) de seus integrantes, sobre matéria relativa à autonomia do Ministério Público, bem como sobre outras de interesse institucional*;

- *V.* LON, arts. 10, III e IV, e 12, I; LO, art. 25, XLIII.

II - *propor, na forma desta Lei, ao Poder Legislativo, a destituição do Procurador-Geral de Justiça, pelo voto de 2/3 (dois terços) de seus membros e por iniciativa da maioria absoluta de seus integrantes em caso de abuso de poder, conduta incompatível ou grave omissão nos deveres do cargo, assegurada ampla defesa*;

- *V.* CF, art. 128, § 4º; LON, arts. 9º, § 2º, e 12, IV; CE, art. 53, XXX, e art. 108, § 2º; notas ao art. 7º desta lei.

III - *deliberar, pelo voto de dois terços de seus membros, sobre a admissibilidade de representação de membro do Ministério Público para a destituição do Procurador-Geral de Justiça e constituir a respectiva Comissão de Sindicância*;

- *V.* CF, art. 128, § 4º; LON, arts. 9º, § 2º, e 12, IV; CE, art. 53, XXX, e art. 108, § 2º; notas ao art. 7º desta lei.

---

[10] Redação do *caput* do art. 8º e de seus respectivos incisos e alíneas dada pela Lei nº 11.252/98.

IV - *julgar, assegurada a ampla defesa, a representação para destituição do Procurador-Geral de Justiça, arquivando-a ou propondo a destituição à Assembléia Legislativa*;

- *V.* LON, arts. 9º, § 2º, e 12, IV; CE, art. 53, XXX; notas ao art. 7º desta lei.

V - *eleger o Corregedor-Geral do Ministério Público e seu suplente*;

- *V.* LON, arts. 12, V, e 16; LO, arts. 13 e 25, X, *b*.

VI - *destituir o Corregedor-Geral do Ministério Público, pelo voto de dois terços de seus membros, em caso de abuso de poder, conduta incompatível ou grave omissão nos deveres do cargo, por representação do Procurador-Geral de Justiça ou da maioria de seus integrantes, assegurada ampla defesa*;

- *V.* LON, art. 12, VI; LO, art. 25, XIV.

VII - *eleger, dentre seus membros, em votação secreta, os integrantes do Órgão Especial e dar-lhes posse*;

- *V.* LO, art. 10 e art. 25, X, *a*.

VIII - aprovar a proposta orçamentária do Ministério Público, elaborada pelo Procurador-Geral de Justiça;

- *V.* LON, art. 12, III; LO, art. 17, § 2º, VII; LO, art. 25, VI.

IX - dar posse ao Procurador-Geral de Justiça, ao Corregedor-Geral do Ministério Público e seu suplente, e aos membros do Conselho Superior do Ministério Público e respectivos suplentes;

- *V.* LO, art. 4º, § 4º, e art. 25, XLI; EMP, art. 21.

X - recomendar à Corregedoria-Geral do Ministério Público a instauração de processo administrativo-disciplinar contra membro do Ministério Público;

- *V.* LON, arts. 12, VII, e 17, V; LO, art. 14, V, art. 27, VII, *b*, e art. 28, V.

XI - julgar recurso, nos termos do seu regimento interno, contra decisão:

a) de vitaliciamento, ou não, de membro do Ministério Público, no prazo de trinta dias;

- *V.* LON, art. 12, VIII, *a*; LO, art. 27, III, *b*.

b) condenatória em processo administrativo-disciplinar;

- *V.* LON, art. 12, VIII, *b*; LO, art. 27, III, *e*.

c) proferida em reclamação sobre o quadro geral de antigüidade;

- *V.* LON, art. 12, VIII, *c*; LO, art. 27, incisos III, *i*, e V, *b*.

d) de disponibilidade e remoção compulsória de membro do Ministério Público, por motivo de interesse público;

- *V.* LON, art. 12, VIII, *d*, e art. 15, VIII; LO, art. 25, VIII, e art. 27, IV; EMP, art. 35 e parágrafos.

e) de recusa prevista no parágrafo 3º do artigo 15 da Lei nº 8.625, de 12 de fevereiro de 1993, no prazo de trinta dias;
- *V.* LO, art. 27, § 3º.

f) de autorização ou de interrupção de afastamento de membro do Ministério Público para freqüentar curso ou seminário de aperfeiçoamento e estudo no País ou no exterior;
- *V.* LON, art. 15, XI; LO, art. 27, VI, *a*; EMP, art. 46, § 1º.
- O Conselho Superior do Ministério Público aprovou a Resolução nº 1/99 (em anexo), regulando esses afastamentos (DOE de 12/03/99).

XII - rever, mediante requerimento do Corregedor-Geral do Ministério Público, decisão de absolvição proferida pelo Conselho Superior do Ministério Público em processo administrativo-disciplinar, cuja pena em abstrato seja suspensão e/ou demissão, e decisão de permanência ou confirmação na carreira de Promotor de Justiça;

XIII - propor, ao Procurador-Geral de Justiça, a criação de cargos no Ministério Público e no quadro de seus serviços auxiliares, modificações na Lei Orgânica e providências relacionadas ao desempenho das funções institucionais;
- *V.* LON, arts. 10, III e IV, e 12, II e III; LON, arts. 19 a 23, acerca da atribuição do Órgão Especial quanto à divisão dos serviços de Procuradorias e Promotorias; LO, art. 25, XLIV.

XIV - rever, mediante requerimento de legítimo interessado, decisões de arquivamento de inquérito policial, representações ou de peças de informações determinadas pelo Procurador-Geral de Justiça, nos casos de sua atribuição originária, sorteando, dentre seus membros, o que deverá oficiar sendo procedente a revisão;
- *V.* LON, art. 12, XI; LO, art. 25, XXX.

XV - decidir sobre pedido de revisão de processo administrativo-disciplinar, no prazo de trinta dias;
- *V.* LON, art. 12, IX; EMP, art. 166.

XVI - deliberar, por iniciativa de um quarto de seus integrantes ou do Procurador-Geral de Justiça, para que este ajuíze ação civil de decretação de perda do cargo de membro vitalício do Ministério Público, nos casos previstos em lei;
- *V.* LON, arts. 12, X, e 38, § 2º; EMP, art. 119, § 1º.

XVII - opinar sobre anteprojetos de lei de iniciativa do Ministério Público;
- *V.* LON, art. 12, I; inc. I deste artigo; LO, art. 17, § 2º, V.

XVIII - conhecer e deliberar sobre relatório reservado, emitido pela Corregedoria-Geral do Ministério Público em correições e inspeções nas Procuradorias de Justiça;
- *V.* art. 14, II, adiante.

XIX - sortear, dentre os Procuradores de Justiça em exercício, os membros para integrar comissão processante quando o indiciado for Procurador de Justiça;

- *V.* LO, art. 14, II; EMP, art. 128, § 4°.

XX - provocar a apuração da responsabilidade criminal de membro do Ministério Público quando, em processo administrativo-disciplinar, verificar a existência de crime de ação pública;

XXI - eleger quatro integrantes do Conselho Superior do Ministério Público e seus suplentes;

- *V.* LO, art. 11, § 1°.

XXII - autorizar Procurador de Justiça, a pedido da Corregedoria-Geral do Ministério Público, a auxiliar em correições e inspeções especialmente designadas;

XXIII - aprovar a concessão de comenda a pessoas que tenham contribuído para o aperfeiçoamento e o aprimoramento da Instituição;

- *V.* LO, art. 25, LIV.

XXIV - elaborar seu Regimento Interno;

- *V.* LON, art. 12, XII.

XXV - desempenhar outras atribuições que lhe forem conferidas por lei.

- *V.* LON, arts. 12, XIII; 18, parágrafo único; 21 e 23, § 2°, e art. 26, parágrafo único; LO, art. 15, §§ 2° e 3°, e art. 21, com parágrafos; EMP, art. 120, parágrafo único.

Art. 9° Excedendo de quarenta o número de Procuradores de Justiça, o Colégio de Procuradores funcionará em Órgão Especial.[11]

- *V.* LON, art. 13, *caput*; EMP, art. 21.

§ 1° O Colégio de Procuradores exercerá as atribuições previstas pelos incisos VIII a XXV do artigo 8° desta Lei, por seu Órgão Especial.

- *V.* LON, art. 13, parágrafo único.
- Os incisos I a VII contêm as atribuições do Colégio de Procuradores em sua totalidade.

§ 2° O Órgão Especial do Colégio de Procuradores reunir-se-á, ordinariamente, uma vez por mês e, extraordinariamente, por convocação de seu Presidente ou a requerimento de oito Procuradores de Justiça, pelo menos.

- *V.* EMP, art. 67.
- Normalmente, as reuniões ocorrem às terças-feiras.

§ 3° É facultado ao titular continuar a exercer suas funções no Órgão Especial do Colégio de Procuradores durante as férias, mediante prévia comunicação ao Presidente.

- *V.* LO, art. 11, § 5°.

---

[11] Redação do *caput* do art. 9º e de seus respectivos parágrafos dada pela Lei nº 11.252/98.

§ 4º As decisões do Órgão Especial do Colégio de Procuradores serão motivadas e publicadas, por extrato, salvo nas hipóteses legais de sigilo.
- *V.* LON, art. 12, parágrafo único.

Art. 10. O Órgão Especial do Colégio de Procuradores será composto pelos doze Procuradores de Justiça mais antigos no cargo e por doze Procuradores de Justiça eleitos pelos demais, para um mandato de dois anos, além do Procurador-Geral de Justiça, seu Presidente, que terá voto qualificado, e do Corregedor-Geral do Ministério Público, estes membros natos.[12]
- *V.* LON, arts. 10, II, e 13; LO, art. 25, XXXVI.
- O voto qualificado ainda é necessário porque o Órgão Especial passou a ter 26 membros a partir de 1993, pois o Corregedor-Geral do Ministério Público veio a ser membro nato, de acordo com a LON, art. 16, parágrafo único.

§ 1º Os Procuradores de Justiça eleitos para integrarem o Órgão Especial do Colégio de Procuradores serão substituídos, nos casos de vacância e de impedimento, pelos suplentes, assim considerados os doze Procuradores de Justiça que se seguirem na votação, pela ordem.

§ 2º Os Procuradores de Justiça que integrarem o Órgão Especial pelo critério de antigüidade serão substituídos, nos casos de vacância e de impedimento, pelos demais Procuradores de Justiça, observada, igualmente, a ordem de antigüidade no cargo, ainda que eleitos para o mesmo Órgão, caso em que serão, igualmente, substituídos na forma do parágrafo anterior.

Seção III
DO CONSELHO SUPERIOR

Art. 11. O Conselho Superior do Ministério Público, com atribuição de fiscalizar e superintender a atuação do Ministério Público, bem como a de velar pelos seus princípios institucionais, compõe-se do Procurador-Geral de Justiça, seu Presidente, do Corregedor-Geral do Ministério Público, estes membros natos, e de nove Procuradores de Justiça que não estejam afastados da carreira.[13]
- *V.* LON, art. 14; LO, art. 27.
- Parece que "velar pelos princípios institucionais" e "superintender a atuação do Ministério Público" passou a ser atribuição do Colégio de Procuradores, a teor do disposto na LON, art. 12, I, e na LO, art. 8º, I.

§ 1º Os Procuradores de Justiça serão eleitos, no mês de junho, através de votação secreta, para mandato de 2 (dois) anos, sendo 5 (cinco), nos anos ímpares, pelos membros do Ministério Público em exercício, e 4 (quatro), nos anos pares, pelo Órgão Especial do Colégio de Procuradores do Ministério Público.

---
[12] Redação do *caput* do art. 10 e de seus respectivos parágrafos dada pela Lei nº 11.252/98.
[13] Redação do *caput* e dos parágrafos 1º, 2º e 3º dada pela Lei nº 11.168/98.

- *V.* LON, art. 14; LO, art. 25, X, *a.*

§ 2º Os suplentes serão escolhidos, a cada eleição, em número igual ao de titulares, pela ordem de votação, para substituí-los em suas faltas e impedimentos.

§ 3º É permitida a reeleição, desde que não seja para mandato subseqüente.

§ 4º O Conselho Superior reunir-se-á semanalmente, desde que presentes cinco Conselheiros, pelo menos. Suas decisões serão fundamentadas e tomadas por maioria de votos, cabendo ao Presidente, salvo nas votações secretas, também o voto de desempate.[14]

- *V.* LO, art. 27, II, *a,* (*quorum* para remoção/promoção); EMP, art. 67.
- Com a modificação do número de seus componentes (de 9 para 11), o *quorum* mínimo deve ser de 6 Conselheiros (o Presidente e mais cinco).

§ 5º Aplica-se aos membros do Conselho Superior o disposto no art. 10, parágrafo único, desta lei.[15]

- Atualmente, a remissão deve ser feita ao art. 9º, § 3º, em face da modificação da Lei nº 11.252/98.

§ 6º É vedada a cumulação do exercício de função de confiança com a função de integrante do Conselho Superior do Ministério Público.

§ 7º Estão impedidos de integrar o Conselho Superior do Ministério Público os Procuradores de Justiça que sejam parentes entre si, até o terceiro grau, e os cônjuges, nestas hipóteses decidindo-se em favor do mais antigo no cargo.

- *V.* EC nº 12, de dez/95, que emendou os arts. 20 e 32 da Constituição do Estado do Rio Grande do Sul.

Art. 12. A eleição dos membros do Conselho Superior será realizada de acordo com instruções baixadas pelo Procurador-Geral de Justiça, observadas as seguintes normas:

- *V.* LON, art. 14, *caput.*

I - publicação de aviso no Diário Oficial, fixando horário, não inferior a seis horas diárias, e o local da votação, na sede da Procuradoria-Geral de Justiça;

II - adoção de medidas que assegurem o sigilo do voto;

III - proibição de voto por portador ou procurador, admitindo-se, todavia, o voto por via postal, desde que recebido no protocolo da Secretaria da Procuradoria-Geral de Justiça, até o encerramento da votação;

IV - apuração pública realizada por dois membros do Ministério Público, escolhidos pelo Procurador-Geral e sob sua presidência, logo após o encerramento da votação;

---

[14] Parágrafo renumerado pela Lei nº 11.168/98.
[15] Parágrafo renumerado pela Lei nº 11.168/98.

V - imediata proclamação dos eleitos.

Parágrafo único. Em caso de empate, será considerado eleito o Procurador de Justiça mais antigo na carreira. Persistindo o empate, será considerado eleito o que tiver exercido menor número de vezes o mandato de Conselheiro.

Seção IV
DA CORREGEDORIA-GERAL DO MINISTÉRIO PÚBLICO[16]

Art. 13. O Corregedor-Geral do Ministério Público será eleito pelo Colégio de Procuradores, dentre os Procuradores de Justiça, para mandato de 2 (dois) anos, permitida uma recondução, observado o mesmo procedimento.[17]

- *V.* LON, arts. 12, V, e 16; LO, art. 8º, V, art. 25, X, *b*, e art. 28.

Parágrafo único. O Corregedor-Geral do Ministério Público é membro nato do Órgão Especial do Colégio de Procuradores e do Conselho Superior do Ministério Público.

- *V.* LON, art. 16, parágrafo único; LO, art. 10.

Art. 14. A Corregedoria-Geral do Ministério Público é órgão orientador e fiscalizador das atividades funcionais e da conduta dos membros do Ministério Público, incumbindo-lhe, dentre outras atribuições:[18]

- *V.* LON, art. 17; LO, arts. 14 e 28.

I - realizar correições e inspeções;

- *V.* LON, art. 17, I; LO, art. 28, XII, *a*.

II - realizar inspeções nas Procuradorias de Justiça, remetendo relatório reservado ao Órgão Especial do Colégio de Procuradores;

- *V.* LON, art. 17, II; LO, arts. 8º, XVIII e XIX, e 28, XII, *b*.

III - propor, ao Conselho Superior do Ministério Público, o não-vitaliciamento de membro do Ministério Público;

- *V.* LON, art. 17, III; LO, art. 8º, XI, *a*, e art. 28, VIII.

IV - fazer recomendações, sem caráter vinculativo, a órgão de execução;

- *V.* LON, art. 17, IV; LO, art. 28, II.

V - instaurar, de ofício ou por provocação dos demais órgãos da Administração Superior do Ministério Público, processo disciplinar contra

---

[16] Redação da Lei nº 11.297/98.
[17] *Caput* e parágrafo único com redação da Lei nº 11.297/98.
[18] *Caput* e incisos com redação da Lei nº 11.297/98.

membro da Instituição, presidindo-o e aplicando as sanções administrativas cabíveis.

- *V.* LON, arts. 12, VII, e 17, V; LO, art. 8°, X, art. 27, VII, *b*, e art. 28, V; EMP, arts. 127 e 128.

VI - encaminhar ao Procurador-Geral de Justiça os processos administrativo-disciplinares que incumba a este decidir;

- *V.* LON, arts. 10, XI, e 17, VI; LO, art. 25, XVIII e LX; EMP, art. 118 e parágrafo único.

VII - remeter aos demais órgãos da Administração Superior do Ministério Público informações necessárias ao desempenho de suas atribuições;

- *V.* LON, art. 17, VII; LO, art. 28, IX.

VIII - apresentar ao Procurador-Geral de Justiça, na primeira quinzena de fevereiro, relatório com dados estatísticos sobre as atividades das Procuradorias e das Promotorias de Justiça, relativas ao ano anterior.

- *V.* LON, art. 17, VIII; LO, art. 17, § 1°, IV e V, e art. 28, XI.

Art. 15. O Corregedor-Geral do Ministério Público indicará, ao Procurador-Geral de Justiça, que o designará, um Procurador de Justiça para as funções de Subcorregedor-Geral do Ministério Público que o auxiliará em correições e inspeções nas Procuradorias de Justiça e no controle de vacâncias e provimentos das Promotorias e Procuradorias de Justiça, substituindo-o em eventuais faltas, impedimentos e suspeições.[19]

- *V.* LO, art. 25, XI, *c*.

§ 1° O Corregedor-Geral do Ministério Público será assessorado por Promotores de Justiça de entrância final, denominados Promotores-Corregedores, por ele indicados e designados pelo Procurador-Geral de Justiça.

- *V.* LON, art. 18; LO, art. 38.

§ 2° Recusando-se o Procurador-Geral de Justiça a designar o Procurador de Justiça e os Promotores de Justiça que lhe foram indicados, o Corregedor-Geral do Ministério Público poderá submeter a indicação à deliberação do Colégio de Procuradores.

- *V.* LON, art. 18, parágrafo único.

§ 3° No caso de impedimento do Corregedor-Geral do Ministério Público e do Subcorregedor-Geral do Ministério Público, o Órgão Especial do Colégio de Procuradores indicará um Procurador de Justiça para substituí-los em caso específico.

---

[19] *Caput* e parágrafos com redação da Lei n° 11.297/98.

Capítulo II
DOS ÓRGÃOS AUXILIARES

Seção I
DO GABINETE DA PROCURADORIA-GERAL DE JUSTIÇA[20]

Art. 16. O Gabinete da Procuradoria-Geral de Justiça será chefiado por um Procurador de Justiça ou Promotor de Justiça de entrância final, da livre escolha do Procurador-Geral de Justiça.
- *V.* LO, art. 38.

Parágrafo único. São atribuições do Chefe de Gabinete:
- A redação original da Lei Orgânica Estadual denominava-o Promotor-Secretário.

I - assistir e assessorar o Procurador-Geral de Justiça em suas atividades sociais e políticas;

II - orientar a organização da pauta e da agenda do Procurador-Geral de Justiça;

III - dirigir os serviços do Gabinete, cabendo-lhe:
a) despachar o expediente do Gabinete;
b) preparar o expediente para o despacho do Procurador-Geral de Justiça;
c) exercer outras atribuições que lhe sejam conferidas ou delegadas pelo Procurador-Geral de Justiça.[21]
- *V.* LON, art. 10, VIII; LO, art. 25, LX.
- Assim como o então Promotor-Secretário, o Chefe de Gabinete tem exercido as funções de Secretário do Concurso para ingresso na carreira do Ministério Público.

Seção II
DOS SUBPROCURADORES-GERAIS DE JUSTIÇA[22]

Art. 17. Os Subprocuradores-Gerais para Assuntos Jurídicos e para Assuntos Administrativos serão escolhidos, livremente, pelo Procurador-Geral de Justiça dentre os Procuradores de Justiça.
- *V.* LO, art. 38; EMP, arts. 65 e 66.

§ 1º Ao Subprocurador-Geral de Justiça para Assuntos Jurídicos compete:
- A redação original da Lei Orgânica Estadual denominava-o Procurador-Assessor.

I - substituir o Procurador-Geral em suas faltas;
- *V.* LON, art. 9º, § 3º; LO, art. 5º, §§ 1º e 2º; EMP, art. 8º, § 3º.

---

[20] Redação da Lei nº 11.003/97.
[21] Redação do *caput* do art. 16 e de seu parágrafo único dada pela Lei nº 11.003/97.
[22] Redação da Lei nº 11.003/97.

II - coordenar os serviços da Assessoria Jurídica;
* V. art. 18, adiante.

III - coordenar o recebimento e a distribuição dos processos oriundos dos Tribunais, entre os Procuradores de Justiça com atuação perante os respectivos colegiados, obedecida a respectiva classificação ou designação;

IV - remeter, mensalmente, ao Corregedor-Geral do Ministério Público, relatório dos processos recebidos e dos pareceres emitidos pelos Procuradores de Justiça junto aos Tribunais;
* V. LON, art. 17, VIII; LO, arts. 14, VIII, e 22, II.

V - elaborar, anualmente, o relatório geral do movimento processual e dos trabalhos realizados pela Assessoria Jurídica remetendo-o ao Procurador-Geral de Justiça e ao Corregedor-Geral do Ministério Público;
* V. LO, arts. 14, VIII, e 22, III.

VI - exercer outras atribuições que lhe sejam conferidas ou delegadas.
* V. LO, art. 21, § 7°, e 29, § 4°.

§ 2° Ao Subprocurador-Geral de Justiça para Assuntos Administrativos compete:
* V. § 3°, a seguir.

I - substituir o Procurador-Geral, na falta do Subprocurador-Geral para Assuntos Jurídicos;
* V. LON, art. 9°, § 3°; LO, art. 5°, §§ 1° e 2°; EMP, art. 8°, § 3°.

II - assistir o Procurador-Geral de Justiça no desempenho de suas funções administrativas e legislativas;
* V. § 3°, a seguir.

III - executar a política administrativa da instituição;

IV - dirigir as atividades do Gabinete de Pesquisa e Planejamento e os serviços da Biblioteca;
* V. LO, art. 3°, § 4°, VI, e art. 18, § 2°.

V - elaborar anteprojetos de lei sobre matéria de interesse do Ministério Público, acompanhando sua tramitação;
* V. LO, art. 8°, XVII, e art. 18, § 2°, II; inciso II deste parágrafo.

VI - aprovar a indicação ou designar servidores para responderem pelo expediente das unidades subordinadas, em caráter permanente ou em substituição;

VII - coordenar a elaboração da proposta orçamentária do Ministério Público e encaminhá-la ao Procurador-Geral;
* V. LON, art. 12, III; LO, arts. 8°, VIII, e 25, VI.

VIII - supervisionar as atividades administrativas que envolvam membros do Ministério Público;
* V. LO, art. 22, V.

IX - coordenar a elaboração do Plano Anual de Atividades e o Relatório Anual;

- *V.* CE, art. 108, § 3°; LO, art. 25, III; art. 18, § 2°, III, a seguir.
- De acordo com o art. 108, § 3°, CE, "o Procurador-Geral de Justiça comparecerá, anualmente, à Assembléia Legislativa, para relatar, em sessão pública, as atividades e necessidades do Ministério Público" (ver, também, art. 262 do Regimento Interno da Assembléia Legislativa).

X - coordenar as atividades de Promotor-Assessor para desempenhar funções administrativas e legislativas;

- *V.* incisos II e V deste artigo; § 3°, a seguir.

XI - exercer outras atribuições que lhe sejam conferidas ou delegadas.

§ 3° São atribuições do Promotor-Assessor que desempenhar funções administrativas e legislativas, secretariar os Órgãos Colegiados e assessorar o Subprocurador-Geral de Justiça para Assuntos Administrativos nas suas funções definidas no parágrafo anterior.[23]

- *V.* EMP, art. 68.

Seção III
DA ASSESSORIA E DO
GABINETE DE PESQUISA E PLANEJAMENTO[24]

Art. 18. A Procuradoria-Geral de Justiça contará com vinte e cinco assessores, dentre Procuradores de Justiça e Promotores de Justiça de entrância final, de livre escolha do Procurador-Geral de Justiça.

- *V.* LO, art. 38.

§ 1° Compete à Assessoria auxiliar o Procurador-Geral de Justiça em suas atribuições legais.

- *V.* LON, art. 10; LO, art. 25.

§ 2° O Gabinete de Pesquisa e Planejamento está vinculado à Subprocuradoria-Geral de Justiça para Assuntos Administrativos, tendo as seguintes atribuições:

- *V.* LO, art. 3°, § 4°, VI, e art. 17, § 2°, IV.

I - recolher e fornecer, sistematicamente, material legislativo, doutrinário e jurisprudencial sobre assuntos de interesse dos membros do Ministério Público para o exercício de suas atividades;

- *V.* LO, art. 22, II.

II - colaborar na elaboração de projetos de lei sobre matéria de interesse do Ministério Público;

- *V.* LO, art. 17, § 2°, V.

---

[23] Redação do *caput* do Art. 17 e dos parágrafos dada pela Lei nº 11.003/97.
[24] Redação da Lei nº 11.003/97.

III - prestar assistência à Administração do Ministério Público no planejamento das atividades institucionais e administrativas;

- V. LO, art. 17, § 2º, IX.

IV - colaborar nas demais publicações do Ministério Público.[25]

Seção IV
DA PROCURADORIA DE FUNDAÇÕES

Art. 19. À Procuradoria de Fundações, dirigida por um Procurador de Justiça escolhido livremente pelo Procurador-Geral, compete:

- V. LO, art. 3º, § 4º e notas; LO, art. 38; EMP, arts. 65 e 66: se a gratificação recebida pelo Procurador de Fundações é de direção, por que essa Procuradoria é órgão auxiliar?
- O Procurador de Fundações também funciona como responsável pelo Setor de Prefeitos, atuando junto à 4ª Câmara Criminal do Tribunal de Justiça nos processos criminais sobre que dispõe o art. 29, VIII, CF.

I - a elaboração de pareceres pertinentes a qualquer assunto sobre fundações;

II - auxiliar o Procurador-Geral:

a) na aprovação dos estatutos das fundações e das alterações neles introduzidas, bem como na promoção das alterações que entender necessárias;

b) na autorização da venda de bens imóveis das fundações e na constituição de ônus reais sobre eles;

c) na homologação da aprovação das contas das fundações.

- A Portaria 533/78 é que regulamenta o disposto nas alíneas do inciso II.

Seção V
DAS COORDENADORIAS DE PROMOTORIAS

Art. 20. As Coordenadorias de Promotorias de Justiça são Órgãos Auxiliares da Procuradoria-Geral de Justiça, supervisionadas por Procurador de Justiça, escolhido livremente pelo Procurador-Geral, e dirigidas por Promotores de Justiça, indicados pelo Procurador-Supervisor e designados pelo Procurador-Geral.[26]

- V. LO, art. 38; EMP, arts. 66 e 68.
- Além da Coordenadoria Criminal, da Coordenadoria Cível e da Cidadania, e da Coordenadoria de Defesa Comunitária, há a da Infância e Juventude, criada pela Lei nº 9.195, de 10/01/91.

---

[25] Redação do *caput* do Artigo 18 e dos parágrafos dada pela Lei nº 11.003/97.

[26] Redação do *caput*, do § 1º e renumeração dos outros parágrafos determinadas pela Lei nº 8.651/88.

§ 1º Ao Procurador-Supervisor compete:
- *V.* LO, art. 38.

I - propor ao Procurador-Geral a designação dos Promotores-Coordenadores, sendo Promotores de Justiça de entrância final os Coordenadores da capital e de entrância intermediária os de Coordenadoria Regional;
II - orientar os serviços das Coordenadorias de Promotorias de Justiça;
III - exercer diretamente as atribuições próprias de Promotor-Coordenador, quando vago o respectivo cargo e até o seu preenchimento regular;
IV - remeter, às Coordenadorias, notícia de danos causados ao meio ambiente, consumidores, bens e direitos de valor artístico, estético, histórico, turístico e paisagístico, *notitia criminis* e informações do interesse de Promotorias Cíveis;
V - fornecer aos Promotores-Coordenadores elementos doutrinários, jurisprudenciais e técnicos indispensáveis à realização de suas tarefas, bem como, a pedido dos mesmos, requisitar perícias e outros exames;
- *V.* LO, art. 18, § 2º, I; § 7º, inc. XII, a seguir.

VI - avocar, excepcional e fundamentadamente, procedimentos investigatórios em curso nas Coordenadorias, dando ciência do seu ato ao Conselho Superior;
- *V.* LON, art. 10, IX, letra *g*: a avocação deve ser submetida previamente ao Conselho Superior, e não apenas dar-lhe ciência, e é privativa do Procurador-Geral de Justiça, não podendo o Supervisor fazê-lo.

VII - elaborar a escala de férias dos Promotores-Coordenadores, para aprovação na forma da lei;
- *V.* LO, art. 25, XXIII; LO, art. 27, V, *d*.

VIII - fornecer ao Procurador-Geral de Justiça e ao Corregedor-Geral do Ministério Público relatório semestral das Coordenadorias.
- *V.* LO, art. 14, VIII; LO, art. 20, § 3º, X, § 4º, IX, e § 5º, XIII, logo a seguir.

§ 2º Na Coordenadoria Criminal atuarão, além do Coordenador, os Promotores de Justiça designados para o atendimento dos serviços do Ministério Público perante o Tribunal do Júri da Capital e Promotores de Justiça Substitutos, cabendo a estes colaborar nos serviços da Coordenadoria e assistir às audiências nas varas criminais, em substituição eventual.
- Na prática, os Promotores do Júri da Capital não estão afetos à Coordenadoria Criminal.

§ 3º São atribuições do Promotor-Coordenador de Promotorias Criminais:
- *V.* LO, art. 38.

I - manter relacionamento com as autoridades policiais, sem prejuízo da atribuição prevista no art. 32, XI;
- *V.* LON, art. 10, IX, *e*.

II - receber a *notitia criminis*, na forma do Código de Processo Penal;
- *V.* CPP, art. 27.

III - requisitar a instauração de inquérito policial quando tomar conhecimento, pelo noticiário da imprensa, de fato criminoso de ação pública;

IV - requisitar de quaisquer autoridades e funcionários, nos casos dos itens II e III deste parágrafo, informações ou documentos úteis à propositura da ação penal pública;

- V. RMP, n° 40/98, pág. 127.

V - requisitar informações e manter registro de antecedentes dos réus;

VI - proceder, através de Secretários de Diligência, a sindicância do interesse das promotorias.[27]

- V. RMP, n° 40/98, pág. 127.

VII - manter registro e controle do atendimento das requisições de inquéritos policiais, inclusive das que tiverem sido feitas pelos demais Promotores de Justiça;

VIII- designar o Promotor de Justiça substituto adido à Coordenadoria para assistir à audiência, na substituição eventual de Promotor de Justiça titular;

IX - organizar o arquivo geral das promotorias criminais de Porto Alegre, recolhendo e classificando as cópias de todos os trabalhos forenses, que, mensalmente, deverão ser remetidos pelos Promotores de Justiça;

- Desatualizado, pois isso é feito pela Corregedoria-Geral.

X - fornecer ao Procurador-Geral de Justiça e ao Corregedor-Geral relatório semestral da Coordenadoria.

- V. § 1°, VIII, deste artigo.

§ 4° São atribuições do Promotor-Coordenador de Promotorias Cíveis e da Cidadania:[28]

- V. LO, art. 38.

I - atender às partes que solicitem providência de natureza administrativa ou judicial de atribuição das Curadorias, redigindo as petições iniciais, quando for o caso;

II - determinar a realização, pelos servidores lotados nas Curadorias, das diligências solicitadas pelos Curadores;

III - promover a ação civil pública, salvo a de responsabilidade por danos causados ao meio ambiente, ao consumidor, a bens e direitos de valor artístico, estético, histórico, turístico e paisagístico (Lei n° 7.347, de 24 de julho de 1985);[29]

- V. LO, art. 20, § 7°, I e VI.
- A Lei n° 7.347/85 (LAC) teve a redação alterada pelo CDC.

---

[27] Redação da Lei n° 7.744/82.
[28] Alteração da Lei n° 11.356, de 19/07/99.
[29] Redação da Lei n° 8.155/86.

Lei Orgânica do Ministério Público do Rio Grande do Sul

IV - requerer ou requisitar de outras autoridades informações ou documentos de interesse das Curadorias;

V - requerer as medidas judiciais ou administrativas de urgência do interesse das Curadorias;

VI - manter o arquivo geral das Curadorias, recolhendo e classificando cópia de todos os trabalhos forenses, que mensalmente deverão ser remetidos pelos Curadores;

* Desatualizado (é atribuição da Corregedoria).

VII - fiscalizar, juntamente com os Curadores, o cumprimento de medidas determinadas no interesse de parte assistida ou representada pelo Ministério Público;

VIII- manter registro de interdições, tutelas e curatelas, de medidas de assistência aos psicopatas, de depósito ou levantamento de dinheiro mediante alvará judicial, para exercer rigorosa fiscalização sobre o cumprimento das condições e prestações de contas;

IX - fornecer ao Procurador-Geral de Justiça e ao Corregedor-Geral relatório semestral da Coordenadoria.

* V. § 1º, VIII, deste artigo.

§ 5º Na Coordenadoria de Promotorias Cíveis e da Cidadania, haverá um núcleo especializado na proteção ao patrimônio público, com a atribuição de instaurar inquérito civil público e promover a ação civil pública nos casos de improbidade administrativa, imoralidade ou lesividade na administração pública.[30]

* V. inc. III do § 4º deste artigo.

§ 6º À Coordenadoria das Promotorias de Defesa Comunitária incumbirá o serviço relativo à tutela dos interesses difusos no Estado do Rio Grande do Sul, funcionando, também, como estrutura de apoio às Promotorias de Justiça na instrução do inquérito civil e propositura da ação civil pública.[31]

§ 7º Na Coordenadoria das Promotorias de Defesa Comunitária atuarão, além do Coordenador, Promotores de Justiça de entrância final, designados especialmente pelo Procurador-Geral, cabendo a estes colaborar nos serviços da Coordenadoria, inclusive no atendimento extrajudicial de consumidores, para os fins da Lei Federal nº 7.244, de 7 de novembro de 1984 (Juizados Especiais de Pequenas Causas).

§ 8º São atribuições do Promotor-Coordenador das Promotorias de Defesa Comunitária:

* V. LO, art. 38.

---

[30] Parágrafo acrescentado pela Lei nº 11.356/99, renumerando-se os parágrafos subseqüentes.
[31] Redação da Lei nº 8.155/86.

I - receber *notitia* de danos causados ao meio ambiente, consumidores, bens e direitos de valor artístico, estético, histórico, turístico e paisagístico;

- *V.* LO, art. 20, § 4°, III; inciso VI, a seguir.

II - receber, registrar e processar reclamações e pedidos que lhe forem encaminhados, na esfera de suas atribuições, diligenciando no sentido de lhes oferecer pronta e eficaz solução;

III - expedir portarias para instauração de inquérito civil, podendo requisitar, na forma da legislação pertinente, certidões, informações, perícias ou exames a Órgãos públicos ou particulares;

IV - expedir notificações;

V - ajuizar ações cautelares, visando a defesa dos interesses difusos mencionados no inciso I;

- *V.* CF, art. 127; CDC, art. 81, parágrafo único, incisos II e III, e art. 82, § 1°, os quais prevêem também a defesa dos interesses coletivos em sentido estrito e dos individuais homogêneos.

VI - promover ação civil pública de responsabilidade por danos causados ao meio ambiente, ao consumidor, a bens e direitos de valor artístico, estético, turístico e paisagístico;

- *V.* LO, art. 20, § 4°, III.

VII - realizar acordo individualizado entre o consumidor e o fabricante ou comerciante de bens de consumo, executando-o, quando ocorrer descumprimento do mesmo, nos termos do parágrafo único do art. 55 da Lei n° 7.244/84, sem prejuízo da ação civil pública;

- *V.* CDC, art. 113, que acrescentou o § 6° ao art. 5° da Lei n° 7.347/85, para prever o compromisso de ajustamento.

VIII- impetrar recurso de decisões proferidas em ações civis públicas que envolvam interesses difusos, respeitada a atribuição concorrente do Promotor de Justiça junto ao juízo onde tramitou o feito;

- *V.* nota ao inc. V deste parágrafo.

IX - promover e fomentar o relacionamento da Coordenadoria com entidades públicas e privadas, buscando intercâmbio de experiências, informações e idéias relativas à defesa comunitária;

X - propor ao Procurador-Geral de Justiça a celebração de convênios com órgãos de cooperação, públicos ou privados, objetivando a defesa dos interesses difusos;

XI - acompanhar noticiários veiculados pelos órgãos de comunicação social, diligenciando no sentido de que sejam investigados aqueles que, em tese, caracterizem hipóteses de atuação da Coordenadoria;

XII - fornecer aos Promotores de Justiça elementos doutrinários, jurisprudenciais e técnicos indispensáveis à realização dos serviços de defesa comunitária, quando solicitado, bem como requisitar perícias e outros exames, a pedido dos mesmos;

- *V.* LO, art. 20, § 1º, V.

XIII- fornecer ao Procurador-Geral de Justiça e ao Corregedor-Geral do Ministério Público relatório semestral de atividades da Coordenadoria.

- *V.* § 1º, VIII, deste artigo.

Capítulo III
DOS ÓRGÃOS DE ADMINISTRAÇÃO DO MINISTÉRIO PÚBLICO[32]

Seção I
DAS PROCURADORIAS DE JUSTIÇA[33]

Art. 21. As Procuradorias de Justiça são órgãos de Administração do Ministério Público, com cento e vinte e cinco (125) cargos de Procuradores de Justiça e serviços auxiliares necessários ao desempenho de suas funções.[34]

- *V.* LON, arts. 6º, I, 19 a 22 e 31; LO, art. 29.

§ 1º A constituição e as atribuições das Procuradorias de Justiça e dos cargos de Procuradores de Justiça serão fixadas mediante proposta do Procurador-Geral de Justiça, aprovada pelo Órgão Especial do Colégio de Procuradores, com voto de 2/3 (dois terços) de seus integrantes, que deverá conter a denominação das Procuradorias de acordo com a respectiva área de atuação, o número de cargos de Procuradores de Justiça que as integrarão e normas de organização interna e de funcionamento.

- *V.* LO, art. 21; notas ao art. 8º, XXV, desta lei.

§ 2º A exclusão, inclusão ou outra modificação na constituição ou nas atribuições das Procuradorias de Justiça ou dos cargos de Procuradores de Justiça serão fixadas mediante proposta do Procurador-Geral de Justiça, aprovada pelo Órgão Especial do Colégio de Procuradores, com voto de 2/3 (dois terços) de seus integrantes.

- *V.* LON, art. 21.

§ 3º Visando a distribuição eqüitativa dos processos, a divisão interna dos serviços das Procuradorias de Justiça sujeitar-se-á a critérios objetivos definidos pelo Órgão Especial do Colégio de Procuradores que proporá a designação de Procuradores de Justiça Substitutos para atuarem em regimes de exceção quando necessário.

- *V.* LON, art. 21.

---

[32] Redação alterada pela Lei nº 11.282/98.
[33] Idem.
[34] Redação do *caput* e de seus parágrafos alterada pela Lei nº 11.282/98.

§ 4º Poderá a Procuradoria de Justiça, por consenso, definir a distribuição dos processos, submetendo a decisão ao Órgão Especial do Colégio de Procuradores.

• *V.* LON, art. 21, parágrafo único.

§ 5º Os cargos de Procurador de Justiça de movimento reduzido, assim considerados por proposição do Procurador-Geral de Justiça, aprovada pelo Órgão Especial do Colégio de Procuradores, quando vagos, poderão ser declarados desativados.

• *V.* LO, art. 8º, XXV.

§ 6º Enquanto não ocorrer a desativação nos termos do parágrafo anterior, as atribuições correspondentes poderão ser integradas às do outro cargo de Procurador de Justiça.

§ 7º As Procuradorias de Justiça farão reuniões periódicas de seus integrantes, sob a presidência do Subprocurador-Geral de Justiça para Assuntos Jurídicos, para fixação de orientações, sem caráter vinculativo, com encaminhamento ao Procurador-Geral de Justiça e para deliberação sobre matéria administrativa, com comparecimento obrigatório, salvo motivo justificado, devendo ser lavrada ata registrando o que foi discutido.

• *V.* LON, art. 20; LO, art. 17, § 1º, VI.

• Comparecimento obrigatório? Só se for mediante convocação, s.m.j. (*V.* art. 43, LON).

§ 8º O Procurador-Geral de Justiça, ouvido o Órgão Especial do Colégio de Procuradores, poderá instituir Procuradorias de Justiça Especializadas.

• *V.* LON, arts. 19 a 22.

§ 9º As Procuradorias de Justiça encaminharão, para aprovação do Órgão Especial do Colégio de Procuradores, proposta de regimento interno destinada a regular o funcionamento de seus serviços administrativos e a coordenação das atividades desenvolvidas no desempenho de suas atribuições.

• *V.* LON, arts. 12, II, e 22.

Art. 22. Os integrantes de cada Procuradoria de Justiça escolherão dois Procuradores de Justiça para exercerem, durante o período de um ano, permitida uma recondução consecutiva, as funções de coordenador e seu substituto, que serão os responsáveis pelos serviços administrativos, competindo-lhes, sem prejuízo das normais atribuições:[35]

• *V.* LON, art. 22.

I - propor, ao Procurador-Geral de Justiça, a escala de férias de seus integrantes;

• *V.* LON, art. 22, II.

---
[35] Redação do *caput* e dos incisos dada pela Lei nº 11.282/98.

II - organizar o arquivo geral da Procuradoria de Justiça, recolhendo e classificando as cópias de todos os trabalhos forenses elaborados pelos seus integrantes, bem como o material legislativo, doutrinário e jurisprudencial;

* V. LO, art. 17, § 1º, IV, e art. 18, § 2º, I.

III - remeter, até o final do mês de dezembro, ao Subprocurador-Geral de Justiça para Assuntos Jurídicos e ao Corregedor-Geral do Ministério Público, o relatório anual das atividades da Procuradoria de Justiça;

* V. LO, arts. 14, VIII, e 17, § 1º, V.

IV - fiscalizar a distribuição eqüitativa dos autos ou outro expediente em que deva funcionar Procurador de Justiça;

* V. LO, art. 21, § 9º.

V - propor, à Subprocuradoria-Geral de Justiça para Assuntos Administrativos, a organização dos serviços auxiliares da Procuradoria de Justiça, distribuindo tarefas e fiscalizando trabalhos executados.

* V. LO, art. 17, § 2º, VIII.

Art. 23. Os Promotores de Justiça exercem as funções de Ministério Público junto aos órgãos jurisdicionais de primeiro grau, vedada sua atuação perante os de segundo grau.

* V. LON, arts. 6º, II, 23 e 32.
* Este artigo deveria constar na seção II, separada desta seção I, que é específica das Procuradorias.

Parágrafo único. Salvo disposição em contrário, haverá um Promotor de Justiça:

a) junto a cada Vara Criminal e a cada Auditoria de Justiça Militar do Estado;

b) junto a cada Vara Cível especializada, ou grupo de Varas Cíveis não especializadas.

* V. art. 24, a seguir.

Capítulo IV
DOS AUXILIARES DO MINISTÉRIO PÚBLICO

Art. 24. O Estagiário do Ministério Público, estudante de direito do penúltimo ou último ano do curso, ou de semestres profissionais equivalentes, designado pelo Procurador-Geral e habilitado na forma deste artigo, exercerá encargos auxiliares dos Órgãos do Ministério Público.

* V. LON, art. 37: a exigência agora é de que o estudante esteja cursando os três últimos anos do curso de Direito; LO, art. 35.
* Está em vigor o Regulamento dos Estagiários Auxiliares do Ministério Público, que foi aprovado pelo Dec. Est. nº 32.182/86.

§ 1º O candidato instruirá requerimento, com atestado de matrícula no curso jurídico e informação favorável do titular do órgão junto ao qual pretende servir.

§ 2º O Estagiário poderá ser dispensado, a qualquer tempo, pelo Procurador-Geral; e sê-lo-á, obrigatoriamente, quando concluir o curso.

- *V.* LO, art. 25, XI, *g.*

§ 3º O exercício da função será gratuito, valendo como título para concurso de ingresso no serviço público estadual.

- O certificado de estágio é expedido pelo Procurador-Geral de Justiça.

§ 4º É proibido ao Estagiário o exercício da advocacia.

§ 5º A efetividade do Estagiário, nela compreendidos os períodos destinados à prestação de exames, será fornecida mensalmente pelo órgão do Ministério Público junto ao qual servir.

§ 6º O exercício da atividade de Estagiário será regulamentado pelo Procurador-Geral, mediante proposta do Corregedor-Geral.

- *V.* LO, art. 28, VII.
- Está em vigor o Regulamento dos Estagiários Auxiliares do Ministério Público, que foi aprovado pelo Dec. Est. nº 32.182/86.

Título III
DAS ATRIBUIÇÕES E PRERROGATIVAS DOS ÓRGÃOS DO MINISTÉRIO PÚBLICO

Capítulo I
DO PROCURADOR-GERAL

Art. 25 - Além das atribuições previstas nas Constituições Federal e Estadual, na Lei Orgânica Nacional e em outras leis, compete ao Procurador-Geral de Justiça:[36]

- *V.* CF, art. 127, § 2º; LON, arts. 3º e 10º, VI e VII; CE, art. 109.

I - exercer a chefia do Ministério Público, representando-o judicial e extrajudicialmente;

- *V.* LO, art. 2º.

II - encaminhar ao Poder Legislativo os projetos de lei de iniciativa do Ministério Público, após submetê-los à apreciação do Órgão Especial do Colégio de Procuradores;

- *V.* LO, art. 2º.

III - elaborar o relatório das atividades anuais do Ministério Público para submetê-lo à Assembléia Legislativa;

- *V.* CE, art. 108, § 3º; LO, art. 17, § 2º, IX.

---
[36] *Caput* do art. 25, incisos e alíneas com redação alterada pela Lei nº 11.350/99.

IV - comparecer à Assembléia Legislativa para relatar as atividades anuais e as necessidades do Ministério Público;

- *V.* CE, art. 108, § 3º.
- De acordo com o art. 108, § 3º, CE, "o Procurador-Geral de Justiça comparecerá, anualmente, à Assembléia Legislativa, para relatar, em sessão pública, as atividades e necessidades do Ministério Público" (ver, também, art. 262 do Regimento Interno da Assembléia Legislativa).

V - elaborar, até trinta dias após a posse, o plano de atividades do Ministério Público;

VI - elaborar a proposta orçamentária do Ministério Público, submetendo-a ao Órgão Especial do Colégio de Procuradores;

- *V.* LON, arts. 10, III, e 12, III; LO, arts. 2º, 8º, VIII, e 17, § 2º, VII.

VII - dirigir os serviços administrativos da Procuradoria-Geral de Justiça;

- *V.* LO, art. 2º.

VIII - praticar todos os atos referentes à carreira dos membros e dos servidores do Ministério Público, tais como nomear, remover, promover, exonerar, demitir, colocar em disponibilidade, reverter, aproveitar, designar para exercer atividades administrativas e aposentar, bem como conceder vantagens pessoais;

- *V.* LON, art. 10, VI e VII, e art. 15, VIII; LO, arts. 2º e 8º, XI, e 27, IV; inc. L, a seguir; EMP, arts. 26 a 37.

IX - integrar, como membro nato, convocar e presidir as sessões do Colégio de Procuradores, do seu Órgão Especial e do Conselho Superior do Ministério Público, ouvindo-os nos casos previstos em lei;

- *V.* LON, art. 10, II; inciso seguinte.

X - nomear:

a) os membros do Órgão Especial do Colégio de Procuradores e do Conselho Superior do Ministério Público e respectivos suplentes;

- *V.* LO, arts. 8º, VII, e 11, § 1º, bem como o inciso anterior.

b) o Corregedor-Geral do Ministério Público, no prazo de dez dias a contar da eleição;

- *V.* LON, arts. 12, V, e 16; LO, arts. 8º, V, e 13; inc. XIV deste artigo.
- Parece equivocada essa disposição, pois é o Colégio de Procuradores que elege, dá posse e destitui o Corregedor-Geral, não havendo necessidade da nomeação pelo Procurador-Geral de Justiça.

XI - designar:

a) o Subprocurador-Geral de Justiça para Assuntos Jurídicos, o Subprocurador-Geral de Justiça para Assuntos Administrativos, o Chefe de Gabinete, o Procurador-Supervisor de Coordenadorias de Promotorias de Justiça, o Procurador de Fundações e de Prefeitos, os Coordenadores dos Centros de Apoio Operacional, os Procuradores-Assessores, os Promotores-Assessores, os Coordenadores de Promotorias de Justiça, os Promotores de Justiça que atuarão junto às Coordenadorias de Promotorias de Justiça, os Promotores de Justiça de entrância final para atuarem na Procuradoria de Fundações e de Prefeitos e os Promotores do Júri da Capital;

- V. LON, art. 10, IX; LO, art. 20, § 2º.

b) os Promotores de Justiça responsáveis pela direção dos serviços administrativos das Promotorias de Justiça e seus substitutos;

c) o Procurador de Justiça e os Promotores de Justiça de entrância final, por indicação do Corregedor-Geral do Ministério Público, para exercerem as funções de Subcorregedor-Geral do Ministério Público e de Promotores-Corregedores;

- V. LO, art. 28.

d) os membros do Ministério Público para oficiar junto à Justiça Eleitoral de primeira instância;

- V. LON, art. 73.

e) os membros do Ministério Público para representar a Instituição em órgãos externos;

f) os membros do Ministério Público para atuar em plantão nas férias forenses;

- V. inc. XLIX, a seguir.

g) os estagiários do Ministério Público e dispensá-los da função a pedido, a requerimento dos órgãos do Ministério Público junto aos quais servirem e, obrigatoriamente, quando concluírem o curso;

- V. LO, art. 24, § 2º, e inciso XLII, a seguir.

XII - designar, motivadamente, em caráter excepcional e temporário, ouvido o Conselho Superior do Ministério Público:

a) membro do Ministério Público para acompanhar inquérito policial ou diligência investigatória, devendo recair a escolha sobre aquele com atribuição para, em tese, oficiar no feito, segundo as regras ordinárias de distribuição de serviços;

- V. LON, art. 10, IX, e.

b) Procurador de Justiça para atuar junto a qualquer órgão jurisdicional de segundo grau;

- V. LON, art. 10, IX, g, e art. 29, IX.

c) Promotor de Justiça para atuar junto a qualquer órgão jurisdicional de primeiro grau;

- V. LON, art. 10, IX, g, e art. 29, IX.

XIII - autorizar membro do Ministério Público a:

a) acompanhar comissão de sindicância ou de processo administrativo-disciplinar estranho à Instituição;

b) utilizar, em objeto de serviço, qualquer meio de transporte, à conta do erário público;
- *V.* EMP, arts. 79, 88, VII, e 105.

c) ausentar-se do Estado em objeto de serviço;
- *V.* EMP, art. 79, § 2º.

d) afastar-se para freqüentar curso ou seminário de aperfeiçoamento e estudo, no País ou no exterior, ou para ministrar cursos e seminários destinados ao aperfeiçoamento dos membros da Instituição, por prazo não superior a 10 (dez) dias;
- *V.* LO, art. 27, VI, *a*; Resolução nº 1/99, anexa.

e) ausentar-se do Estado ou do País em missão oficial, por prazo não superior a 10 (dez) dias;

XIV - propor, fundamentadamente, ao Colégio de Procuradores, a destituição do Corregedor-Geral do Ministério Público, ou, por deliberação daquele, destituí-lo;
- *V.* LON, art. 12, VI; LO, art. 8º, VI; inc. X, *b*, deste artigo.
- A Lei Orgânica Nacional defere ao Colégio de Procuradores o poder de destituir o Corregedor-Geral, e não ao Procurador-Geral de Justiça.

XV - conceder dispensa da atividade funcional aos Presidentes eleitos para as entidades de classe dos membros e dos servidores do Ministério Público e do Diretor da Fundação Escola Superior do Ministério Público;
- *V.* LON, art. 53, VI, *b*, e VII.

XVI - determinar:
a) as medidas necessárias à verificação da incapacidade física, mental ou moral dos membros e servidores do Ministério Público;
b) a instauração de sindicância ou processo administrativo para apurar as faltas funcionais dos servidores do Ministério Público;
- *V.* LON, art. 17, V; LO, art. 28, V.

XVII - apurar infração penal praticada por membro do Ministério Público, prosseguindo nas investigações ainda que iniciadas pela autoridade policial ou avocando-as quando não lhe tiverem sido remetidas;
- *V.* LON, art. 41, II, e parágrafo único; EMP, art. 59, § 2º.

XVIII - aplicar as punições disciplinares de sua atribuição;
- *V.* LON, arts. 10, XI, e 17, VI; EMP, art. 118 e parágrafo único; inc. LX deste artigo.

XIX - resolver os conflitos de atribuições entre membros do Ministério Público;
- *V.* LON, art. 10, X.

XX - expedir provimento ou resolução, aos órgãos do Ministério Público, para o desempenho de suas funções nos casos em que se mostrar conveniente a atuação uniforme da Instituição, resguardada a independência funcional;

• *V.* LON, art. 10, XII; LO, art. 27, XVI.

XXI - avocar, excepcional e fundamentadamente, inquérito policial em andamento;

• *V.* CF, art. 129, VII; LON, art. 10, IX, *e* e *g*; CE, art. 111, IV.

XXII - interromper, por conveniência do serviço, licença para tratamento de interesse particular de membros e de servidores do Ministério Público;

• *V.* EMP, art. 100.

XXIII - elaborar e encaminhar ao Conselho Superior do Ministério Público, até trinta e um de outubro de cada ano, as escalas de substituição e de férias dos membros do Ministério Público, dando-lhes a devida publicidade;

• *V.* LO, art. 20, § 1º, VII, e art. 27, V, *d*.

XXIV - mandar publicar os atos administrativos de interesse do Ministério Público e, até trinta e um de janeiro de cada ano, a lista de antigüidade dos membros do Ministério Público referente ao último dia do ano anterior;

• *V.* LON, art. 12, VIII, *c*, e art. 15, IX; LO, art. 8º, XI, *c*, e art. 27, V, *b*.

XXV - determinar a abertura de concurso para ingresso na carreira do Ministério Público e presidir a respectiva comissão;

• *V.* LO, art. 27, incisos III, *c*, e X; EMP, arts. 5º a 19.

XXVI - indicar membro do Ministério Público para presidir a comissão de concurso para os serviços auxiliares do Ministério Público;

XXVII - solicitar, ao Conselho Seccional da Ordem dos Advogados do Brasil, remessa de lista sêxtupla para indicação de representante na comissão de concurso para ingresso na carreira do Ministério Público;

• *V.* EMP, art. 8º, IV e V.

XXVIII - declarar vitalício na carreira o Promotor de Justiça que houver concluído o estágio probatório, após decisão favorável do Conselho Superior do Ministério Público;

• *V.* LO, art. 27, III, *a* e *b*; EMP, art. 25, § 2º.

XXIX - representar, ao Procurador-Geral da República, sobre crime comum ou de responsabilidade praticado pelo Governador do Estado, por membro do Tribunal de Justiça e por Conselheiros do Tribunal de Contas do Estado;

• *V.* CF, art. 105, I.

XXX - dar publicidade aos despachos de arquivamento que proferir nas representações cíveis ou criminais que lhe forem diretamente dirigidas;

• *V.* LON, art. 29, VII; LO, art. 8º, XIV.

XXXI - editar atos e decidir, na forma da lei, sobre as implementações decorrentes do sistema remuneratório, bem como sobre a situação funcional e administrativa do pessoal ativo e inativo da carreira e dos serviços auxiliares;

XXXII - exercer as demais competências concernentes à administração financeira, orçamentária, patrimonial e de pessoal;

- *V.* LO, art. 2º.

XXXIII - representar, de ofício ou por provocação do interessado, à Corregedoria-Geral da Justiça sobre falta disciplinar de magistrado ou de servidor da Justiça;

- *V.* LOMAN, arts. 27, 45, 46 e 76.

XXXIV - promover a abertura de crédito e a alteração no orçamento analítico do Ministério Público dos recursos dos elementos semelhantes, de um para outro, dentro das consignações respectivas, de acordo com as necessidades do serviço e as normas legais vigentes;

- *V.* LO, art. 2º.

XXXV - celebrar convênios, com quaisquer órgãos municipais, estaduais e federais, para atendimento das necessidades da Instituição;

- *V.* LO, art. 2º.

XXXVI - proferir voto de qualidade nos órgãos colegiados da Administração Superior, salvo em matéria disciplinar, quando prevalecerá a decisão mais favorável ao membro do Ministério Público;

- *V.* LO, art. 10 e notas.

XXXVII - requisitar, de qualquer autoridade, repartição, cartório ou ofício da Justiça, certidões, exames, diligências e esclarecimentos necessários ao exercício de suas funções;

- *V.* LON, art. 26, I, *b*; CE, art. 111, parágrafo único.

XXXVIII - representar, ao Corregedor-Geral do Ministério Público, acerca de infração disciplinar praticada por membro da Instituição;

- *V.* LON, art. 17. V; LO, art. 28, V.

XXXIX - determinar, sempre que o interesse público o exigir, a investigação sumária de fatos típicos;

XL - expedir carteira funcional dos membros e dos servidores do Ministério Público;

- *V.* EMP, art. 60, I.

XLI - deferir o compromisso de posse dos membros e dos servidores do Ministério Público;

- *V.* LO, art. 8º, IX; EMP, arts. 21 e 22.

XLII - deferir o compromisso dos estagiários, designando-os para funcionar junto aos órgãos do Ministério Público;

- *V.* LON, art. 37; LO, arts. 24 e 35; inciso XI, *g*, deste artigo.

XLIII - solicitar, ao Colégio de Procuradores, manifestação sobre matéria relativa à autonomia do Ministério Público, bem como sobre outras de interesse institucional;
- *V.* LON, art. 12, I; LO, art. 8º, I.

XLIV - decidir sobre as sugestões encaminhadas pelo Órgão Especial do Colégio de Procuradores acerca da criação, transformação e extinção de cargos do Ministério Público e dos serviços auxiliares, modificações na Lei Orgânica e providências relacionadas ao desempenho das funções institucionais;
- *V.* LON, art. 12, II; LO, art. 8º, XIII.

XLV - propor, ao Órgão Especial do Colégio de Procuradores, a fixação, a exclusão, a inclusão ou modificação no que concerne às atribuições das Procuradorias e das Promotorias de Justiça;
- *V.* LON, arts. 21 a 23; LO, arts. 21 e 23.

XLVI - dispor a respeito da movimentação dos Promotores de Justiça Substitutos no interesse do serviço;
- *V.* LO, art. 36, § 1º.

XLVII - convidar Procuradores de Justiça ou Promotores de Justiça de entrância final para prestar, temporariamente, serviços à Procuradoria-Geral de Justiça;

XLVIII - designar membros da Instituição para plantões em finais de semana, feriados ou em razão de outras medidas urgentes;
- *V.* inc. XI, *f.*

XLIX - decidir sobre escalas de férias e atuação em plantões forenses propostas pelas Procuradorias e Promotorias de Justiça;
- *V.* LO, art. 29, § 4º.

L - conceder férias, licenças-prêmios, licenças, afastamentos, adicionais e outras vantagens pessoais previstas em lei;
- *V.* LON, art. 10, V; CE, art. 109, parágrafo único; inc. VIII deste artigo.

LI - requisitar as dotações orçamentárias destinadas ao custeio das atividades do Ministério Público, nos termos do artigo 168 da Constituição Federal;
- *V.* LO, art. 2º.

LII - expedir atos normativos que visem à celeridade e à racionalização das atividades do Ministério Público;

LIII - encaminhar, ao Poder Judiciário, as listas sêxtuplas de que tratam os artigos 94, *caput*, e 104, parágrafo único, inciso II, da Constituição Federal;
- *V.* LON, art. 10, XIII, e art. 15, I; LO, art. 27, I, *a.*

LIV - propor, ao Órgão Especial do Colégio de Procuradores, a concessão de comenda a pessoas que tenham contribuído para o aperfeiçoamento e o aprimoramento da Instituição;

- *V.* LO, art. 8º, XXIII.

LV - decidir sobre questões referentes a licitações, nos termos da lei respectiva;
- *V.* LO, art. 2º.

LVI - cassar ou suspender, por ato motivado, o porte de arma de membros do Ministério Público, mesmo aposentados;
- *V.* EMP, art. 60, I.

LVII - indicar os representantes do Ministério Público, às autoridades competentes, para integrar Conselhos e Comissões;
- *V.* LON, art. 10, IX, *c*; LO, art. 27, III, *h*; EMP, art. 55, XII.

LVIII - exercer outras atribuições compatíveis e necessárias ao desempenho do cargo;

LIX - delegar suas funções de órgão de execução a membro do Ministério Público, observada a simetria do cargo com a natureza da delegação;
- *V.* LON, art. 10, IX.

LX - delegar suas funções administrativas.
- *V.* LON, art. 10, VIII.

Capítulo II[37]
DO ÓRGÃO ESPECIAL DO COLÉGIO DE PROCURADORES

Art. 26. (REVOGADO)[38]

Capítulo III
DO CONSELHO SUPERIOR

Art. 27. São atribuições do Conselho Superior do Ministério Público:[39]

I - elaborar:

a) em votação secreta, com a presença mínima de dois terços dos seus membros, as listas sêxtuplas a que se referem os arts. 94, *caput*, e 104, parágrafo único, inciso II, da Constituição Federal;
- *V.* LON, art. 15, I.

b) seu Regimento Interno;
- *V.* LON, art. 15, XII.

II - indicar:

---

[37] Revogado pela Lei nº 11.252/98.
[38] Idem.
[39] Redação de *caput* do art. 27 e de seus respectivos incisos, parágrafos e alíneas alterada pela Lei nº 11.168/98.

a) ao Procurador-Geral de Justiça, em votação secreta, com a presença mínima de dois terços dos seus membros, a lista tríplice dos candidatos à remoção ou promoção por merecimento;

- V. CF, art. 129, § 4°, em combinação com o art. 93, II, letras *a* a *c*; LON, arts. 15, II, e 61, IV a VI; LO, art. 11, § 4°.

b) ao Procurador-Geral de Justiça, o nome do membro do Ministério Público mais antigo, para remoção ou promoção por antigüidade;

- V. CF, art. 93, II, *d* e art. 129, § 4°; LON, art. 15, IV, e seu § 3°.

c) ao Procurador-Geral de Justiça, Promotores de Justiça para substituição por convocação;

- V. LON, arts. 10, VI e IX, letra *f*; art. 15, V; art. 22, III, e art. 65.

d) para aproveitamento ou classificação, membro do Ministério Público em disponibilidade ou afastado do cargo;

- V. EMP, arts. 43 a 47.

III - decidir:

- V. art. 25, XXVIII, desta lei.

a) com a presença mínima de dois terços de seus membros, sobre a permanência de membro do Ministério Público no estágio probatório, após um ano de atividade;

- V. LON, art. 15, VII e XIII; EMP, art. 23, §§ 3° e 4°, e art. 25, § 1°.

b) com a presença mínima de dois terços de seus membros, sobre o vitaliciamento, propondo a exoneração quando entender que não foram preenchidos os requisitos do estágio probatório;

- V. LON, art. 15, VII; EMP, art. 25.

c) sobre a abertura de concurso para o provimento de cargos iniciais da carreira, sempre que o número de vagas existentes no quadro e as necessidades do serviço o recomendarem, independentemente da conclusão de concurso em andamento;

- V. LC 75/93, art. 186, parágrafo único; LON, art. 59, § 1°, sobre a obrigatoriedade da abertura do concurso; EMP, art. 5°, § 3°.

d) de plano e conclusivamente sobre a admissão ou cancelamento de inscrição de candidato ao concurso de ingresso na carreira do Ministério Público, apreciando suas condições para o exercício do cargo mediante entrevistas, exame de documentos e informações fidedignas, sem prejuízo de investigação sigilosa que entenda promover;

- V. EMP, art. 6°, § 6°; art. 8°; art. 10, §§ 6° e 7°; e art. 12, § 2°.

e) processos disciplinares, fixando as penas;

f) sobre o requerimento de postergação de nomeação de candidato aprovado no concurso para ingresso no Ministério Público;

- V. EMP, arts. 18, 20, § 2°, e 46, I e II.

g) sobre a classificação dos membros do Ministério Público;

- *V.* LON, art. 59, § 2º; LO, art. 25, VIII; EMP, arts. 17, 32, § 2º, e 33, § 4º.

h) sobre a participação de membro do Ministério Público em organismos estatais afetos às áreas de atuação da Instituição;
- *V.* LON, art. 10, IX, *c*; LO, art. 25, LVII; EMP, arts. 4º, VI, e 55, XII.

i) sobre reclamações formuladas a respeito do quadro geral de antigüidade do Ministério Público;
- *V.* LON, art. 12, VIII, *c*, e art.15, IX; LO, art. 8º, XI, *c*; inciso V, *b*, a seguir.

IV - determinar, pelo voto de dois terços de seus integrantes, a disponibilidade ou a remoção compulsória por interesse público de membros do Ministério Público, assegurada ampla defesa;
- *V.* LON, art. 15, VIII; LO, arts. 8º, XI, *d*, e 25, VIII; EMP, art. 35 e parágrafos.

V - aprovar:

a) os pedidos de remoção por permuta entre membros do Ministério Público;
- *V.* LON, arts. 15, VI, e 64; EMP, art. 36.

b) o quadro geral de antigüidade do Ministério Público;
- *V.* LON, art. 12, VIII, *c*, e art. 15, IX; LO, art. 25, XXIV.
- Esta letra trata da aprovação do quadro geral, enquanto a letra *i* do inc. III prevê o julgamento de reclamação sobre esse quadro.

c) o Regulamento do Estágio Probatório;
- *V.* LO, art. 28, VII; EMP, art. 23, § 2º; nota ao art. 24 desta lei.

d) anualmente, as escalas de substituição e de férias dos membros do Ministério Público;
- *V.* LO, art. 25, XXIII.

VI - autorizar e interromper:

a) por conveniência do serviço, o afastamento de membro do Ministério Público para freqüentar curso ou seminário de aperfeiçoamento e estudo, de interesse da Instituição, no País ou no exterior;
- *V.* LON, art. 15, XI.
- O CSMP aprovou a Resolução nº 01/99 (anexa), regulando esses afastamentos; EMP, art. 46, III, e § 1º; art. 53, X, e art. 104.

b) motivadamente, os afastamentos do cargo formulados por membro do Ministério Púbico nas hipóteses do art. 46 da Lei nº 6.536, de 31 de janeiro de 1973, ressalvados os casos de mandato eletivo;
- *V.* EMP, art. 20, § 2º.

VII - propor:

a) ao Procurador-Geral de Justiça, a suspensão preventiva de membro do Ministério Público;
- *V.* LON, art. 60; EMP, art. 155.

b) à Corregedoria-Geral do Ministério Público, a instauração de processo administrativo disciplinar contra membro do Ministério Público;

- *V.* LON, art. 17, V; LO, arts. 14, V, e 28, V; EMP, art. 110, § 2°.

VIII - apreciar:

a) os motivos de suspeição de natureza íntima, invocados por membros do Ministério Público;
- *V.* LON, art. 43, VII; EMP, art. 55, VI.

b) a justificação apresentada por membro do Ministério Público que deixar de atender a qualquer determinação para cujo cumprimento tenha sido marcado prazo certo;

c) pedido de reversão de membro do Ministério Público;
- *V.* LON, art. 67; EMP, art. 42.

IX - opinar sobre:

a) o aproveitamento de membro do Ministério Público, considerada a conveniência do serviço;
- *V.* LON, arts. 39 e 68; EMP, arts. 43 e 45.

b) o pedido de aumento de ajuda de custo;
- *V.* EMP, art. 78, § 5°.

X - escolher os membros do Ministério Público que integrarão a Comissão de Concurso para ingresso na carreira;
- *V.* LON, arts. 8°, II, 15, III, e 59; LO, art. 25, XXVe XXVII; EMP, art. 8°, III.

XI - homologar o resultado do concurso e elaborar, de acordo com a ordem de classificação, a lista dos candidatos aprovados, para efeito de nomeação;
- *V.* EMP, art. 17.

XII - fazer recomendações, por intermédio do Corregedor-Geral, aos membros do Ministério Público, a título de instrução, quando, em documentos oficiais, verificar deficiências, erros ou faltas por estes praticadas;
- *V.* LON, art. 15, X, que é diferente; LO, art. 25, XX, e art. 28, II; inc. XVI, adiante; EMP, art. 110, § 1°.

XIII - provocar a apuração da responsabilidade criminal de membro do Ministério Público quando, em processo administrativo, verificar a existência de crime de ação pública;

XIV - requisitar, ao Corregedor-Geral, informações sobre a conduta e atuação funcional de membro do Ministério Público, determinando a realização de inspeções para verificação de eventuais irregularidades nos serviços;
- *V.* art. 28, XII, *c*, adiante.

XV - tomar conhecimento dos relatórios da Corregedoria-Geral do Ministério Público;
- *V.* art. 28, XI, adiante; EMP, art. 113.

XVI - sugerir, ao Procurador-Geral, a edição de recomendações, sem caráter vinculativo, aos órgãos do Ministério Público para o desempenho

de suas funções e a adoção de medidas convenientes ao aprimoramento dos serviços;
- *V.* LON, art. 15, X; LO, art. 25, XX; inc. XII deste artigo.

XVII - exercer outras atribuições previstas em lei ou regulamento.
- *V.* LON, art. 10, IX, *g*, e art. 15, XIII; art. 28, § 2°, adiante; EMP, arts. 6°, § 6°; 8°, IV, e § 4°; 10, § 5°; e 77.

§ 1° As decisões do Conselho Superior do Ministério Público serão motivadas e publicadas, por extrato, salvo nas hipóteses legais de sigilo ou por deliberação da maioria de seus integrantes.
- *V.* LON, art. 15, § 1°.

§ 2° A remoção e a promoção voluntária por antiguidade e por merecimento, bem como a convocação, dependerão de prévia manifestação escrita do interessado.
- *V.* CF, art. 93, II, e art. 129, § 4°; LON, arts. 15, § 2°, e 61, I; EMP, art. 26, §§ 5° e 6°.

§ 3° Na indicação por antiguidade, o Conselho Superior do Ministério Público somente poderá recusar o membro do Ministério Público mais antigo pelo voto de dois terços de seus integrantes, conforme procedimento próprio, repetindo-se a votação até fixar-se a indicação, após o julgamento de eventual recurso interposto com apoio na alínea *e* do inciso VIII do artigo 12 da Lei Federal n 8.625, de 12 de fevereiro de 1993.
- *V.* LON, art. 15, § 3°; EMP, arts. 26 e 34.

Capítulo IV
DO CORREGEDOR-GERAL DO MINISTÉRIO PÚBLICO
- *V.* LON, art. 16; LO, arts. 13 a 15.

Art. 28. Incumbe ao Corregedor-Geral, dentre outras atribuições:[40]
- *V.* LON, art. 17; LO, art. 14.

I - organizar e dirigir os serviços da Corregedoria-Geral;
- *V.* LO, art. 15.

II - fazer recomendações, sem caráter vinculativo, a órgão de execução;
- *V.* LON, art. 17, IV; LO, art. 14, IV; EMP, art. 110, § 1°.

III - convocar e realizar reuniões com os membros do Ministério Público para tratar de questões ligadas a sua atuação funcional;

IV - dar andamento às reclamações de membros do Ministério Público a respeito de quaisquer órgãos administrativos que tenham relação, de algum modo, com os seus serviços;

V - instaurar, de ofício ou por provocação dos demais Órgãos da Administração Superior do Ministério Público, processo disciplinar contra

---
[40] Redação do *caput* e dos incisos dada pela Lei n° 11.003/97.

membro da instituição, presidindo-o e aplicando as sanções administrativas cabíveis, na forma desta Lei;
- *V.* LON, art. 12, VII, e art. 17, V; LO, art. 8°, X, e art. 14, V; LO, art. 27, VII, *b.*

VI - dirigir e acompanhar o Estágio probatório dos membros do Ministério Público;
- *V.* EMP, arts. 23 a 25.

VII - elaborar o Regulamento do Estágio Probatório e o Regulamento dos Estagiários Auxiliares do Ministério Público;
- *V.* LO, art. 24, § 6°, e art. 27, V, *c*; EMP, art. 23, § 2°.

VIII - propor ao Conselho Superior do Ministério Público, na forma da Lei Orgânica, o não-vitaliciamento de membro do Ministério Público;
- *V.* LON, arts. 17, III, e 60; LO, art. 14, III; EMP, arts. 24 e 25.

IX - remeter aos demais Órgãos da Administração do Ministério Público informações necessárias ao desempenho de suas atribuições;
- *V.* LON, art. 17, VII; LO, art. 14, VII; inciso XIII, a seguir.

X - indicar Promotor-Corregedor para participar de comissão de sindicância ou processo administrativo instaurado contra servidor do Ministério Público;

XI - apresentar ao Procurador-Geral de Justiça, na primeira quinzena de fevereiro, relatório com dados estatísticos sobre as atividades das Procuradorias e Promotorias de Justiça, relativas ao ano anterior;
- *V.* LON, art. 17, VIII; LO, art. 14, VIII, art. 17, § 1°, IV e V, e art. 33.

XII - realizar:
- *V.* EMP, arts. 111 a 113.

a) correições e inspeções nas Promotorias de Justiça;
- *V.* LON, art. 17, I; LO, art. 14, I.

b) pessoalmente ou pelo Subcorregedor-Geral, correições e inspeções nas Procuradorias de Justiça, remetendo relatório reservado ao Colégio de Procuradores;[41]
- *V.* LON, art. 17, II; LO, art. 14, II.

c) de ofício ou mediante determinação do Conselho Superior do Ministério Público, inspeções para verificação da regularidade dos serviços dos inscritos à promoção ou remoção voluntária;
- *V.* LO, art. 27, XIV.

XIII - informar ao Conselho Superior do Ministério Público sobre a conduta pessoal e a atuação funcional dos membros da Instituição inscritos à promoção ou remoção voluntária;
- *V.* LON, art. 17, VII; inciso IX deste artigo.

---
[41] Alínea *b* com redação dada pela Lei nº 11.297/98.

XIV - requisitar exames periciais, cíveis e criminais, documentos, diligências, certidões, pareceres técnicos e informações de qualquer autoridade, inclusive judicial, necessárias ao desempenho da função do Ministério Público;

- *V.* LON, arts. 25, 29 e 32; CE, art. 111, parágrafo único; §§ 1º e 2º, a seguir.

XV - manter atualizados e sob sigilo, salvo para o próprio interessado ou para defesa de direito, os assentamentos da vida funcional dos membros do Ministério Público e dos estagiários;

- *V.* § 1º, a seguir.

XVI - receber os relatórios de atividades dos membros do Ministério Público, adotando ou sugerindo ao Procurador-Geral de Justiça e ao Conselho Superior do Ministério Público as medidas que julgar convenientes.

- *V.* LO, art. 33.

§ 1º Dos assentamentos funcionais dos membros do Ministério Público, que serão mantidos atualizados e sob sigilo, salvo para o próprio interessado, deverão constar:[42]

a) os documentos e cópias dos trabalhos enviados pelo Promotor de Justiça em estágio probatório;

- *V.* EMP, arts. 23, § 1º, e 24, § 1º.

b) as apreciações feitas pelos Procuradores de Justiça e as referências constantes em julgados dos Tribunais e dos Órgãos Colegiados do Ministério Público;

- *V.* LON, art. 19, § 2º; EMP, art. 27, III.

c) a conclusão das correições e inspeções.

§ 2º As anotações desabonatórias ou que importem em demérito poderão ser lançadas no assentamento funcional, após ciência ao interessado, em despacho fundamentado do Corregedor-Geral do Ministério Público, com recurso ao Conselho Superior do Ministério Público em 3 (três) dias, a contar da intimação.[43]

- *V.* CF, art. 5º, XXXIII e LXXII; LON, art. 40, VI; inciso XV do parágrafo anterior; EMP, arts. 123 e 154.

Capítulo V
DOS PROCURADORES DE JUSTIÇA

Art. 29. Cabe aos Procuradores de Justiça, no exercício das atribuições do Ministério Público junto aos Tribunais, desde que não cometidas ao Procurador-Geral de Justiça, e inclusive por delegação deste:[44]

- *V.* LON, arts. 19 a 22 e 31.

---

[42] Redação de parágrafo e alíneas dada pela Lei nº 11.297/98.

[43] Redação do parágrafo dada pela Lei nº 11.297/98.

[44] Redação do *caput*, incisos e parágrafos dada pela Lei nº 11.282/98.

I - oficiar:
- *V.* EMP, art. 55, IV.

a) perante os Grupos e as Câmaras Cíveis e Criminais do Tribunal de Justiça;
b) perante o Tribunal Militar;
c) perante a Junta Comercial;
d) perante o Conselho da Magistratura e a Corregedoria-Geral de Justiça, quando órgãos jurisdicionais;
e) perante o Tribunal do Júri;
- Na prática, não ocorre a hipótese da letra *e*.

II - oficiar e emitir parecer escrito nos processos cíveis, criminais e administrativos, indicando a motivação fática e jurídica, elaborando relatório em sua manifestação final ou recursal;
- *V.* CF, arts. 93, IX, e 129, VIII; LON, art. 43, III.

III - ter assento à direita do órgão jurisdicional e participar das sessões dos Tribunais, oferecendo parecer oral, tomando ciência, pessoalmente e mediante vista dos autos respectivos, das decisões proferidas;
- *V.* LON, art. 41, III; LO, art. 34, III, IV, V, VI e VII; EMP, art. 59, IV.

IV - receber intimação pessoal nos processos em que oficiar o Ministério Público, no limite de suas atribuições;
- *V.* LON, art. 41, IV; EMP, art. 59, V.

V - na Junta Comercial:
- Somente em três Estados atua o Ministério Público na Junta Comercial.

a) fiscalizar e promover o cumprimento das normas legais e executivas e dos usos e práticas mercantis assentados;
b) oficiar perante o Poder Judiciário nas questões relacionadas com os atos de registro do comércio;
c) exercer as demais atribuições previstas no Regimento Interno da Junta Comercial e na legislação sobre registro do comércio e atividades afins;

VI - interpor, quando for o caso, recursos aos Tribunais locais ou superiores, ou sugerir ao Procurador-Geral de Justiça, fundamentadamente, a interposição ou adoção de outras medidas cabíveis;
- *V.* LON, arts. 25, IX, e 31.

VII - presidir e integrar comissões de sindicâncias e de processo administrativo, no âmbito do Ministério Público, quando designados nos termos da lei;

VIII - exercer, por designação do Procurador-Geral de Justiça, a direção de órgãos auxiliares e, ouvido o Conselho Superior do Ministério Público, a direção dos órgãos de apoio administrativo;

IX - impetrar *habeas corpus*, mandado de segurança, requerer correição parcial, bem como propor outras medidas cabíveis, perante os Tribunais competentes;
* *V.* LON, arts. 25, IX, e 32.

X - compor os órgãos colegiados da Instituição;
XI - integrar Comissão de Concurso para ingresso na carreira do Ministério Público;
* *V.* EMP, art. 8º.

XII - desempenhar outras atribuições que lhes forem conferidas por lei.

§ 1º É obrigatória a presença de Procurador de Justiça nas sessões de julgamento dos processos da respectiva Procuradoria de Justiça.
* *V.* LON, arts. 19, § 1º, e 43, V; EMP, art. 55, IV.

§ 2º Os Procuradores de Justiça exercerão inspeção permanente dos serviços dos Promotores de Justiça nos autos em que oficiem, remetendo seus relatórios à Corregedoria-Geral do Ministério Público.
* *V.* LON, art. 19, § 2º.

§ 3º Os Procuradores de Justiça Substitutos assumirão o lugar dos titulares nas suas faltas, impedimentos, suspeições, licenças ou férias, emitindo pareceres em todos os processos que nesse período receberem e participando das sessões de julgamento, e auxiliarão os demais Procuradores de Justiça, por designação do Procurador-Geral de Justiça, sempre que a necessidade ou a conveniência do serviço o exigir.

§ 4º A Subprocuradoria-Geral de Justiça para Assuntos Jurídicos organizará, dentre os Procuradores de Justiça Substitutos, a escala de plantão.
* *V.* LO, art. 17, § 1º, III e VI.

Capítulo VI
DOS PROMOTORES DE JUSTIÇA

Art. 30. Ao Promotor de Justiça incumbe exercer:
* *V.* LON, arts. 23 e 32.

I - as atribuições que lhe forem conferidas pela legislação penal, processual penal e de execuções penais, perante a justiça comum;

II - as atribuições de curadoria da Fazenda Pública, de menores, de família e sucessões, de massas falidas, de acidentes do trabalho, de registros públicos e de fundações;

III - as atribuições previstas na legislação penal, processual penal e de execuções penais, perante a Justiça Militar do Estado;

IV - as demais atribuições previstas em lei ou regulamento.

Art. 31. São atribuições do Promotor de Justiça:
I - na Curadoria da Fazenda Pública:

1. oficiar nos mandados de segurança, na ação popular constitucional e nas demais causas em que deva intervir o Ministério Público;
2. promover a execução da pena de multa ou de fianças criminais, quebradas ou perdidas;

II - na Curadoria da Infância e da Juventude:[45]

- V. Lei nº 8.069/90 (ECA); parágrafo único deste artigo.

a) conceder a remissão;
b) promover:
1. nos feitos que lhes forem distribuídos, os procedimentos judiciais visando à aplicação de medidas específicas de proteção às crianças e adolescentes;
2. as ações de alimentos em favor de crianças e adolescentes;
3. a aplicação das medidas sócio-educativas aos adolescentes autores de atos infracionais;
4. os procedimentos de perda ou suspensão do pátrio poder, de remoção ou destituição da tutela, de especialização e inscrição de hipoteca legal e as respectivas prestações de contas de tutores, curadores e quaisquer administradores de bens da criança e dos adolescentes;

c) oficiar nos demais processos relativos à infância e à juventude;
d) recorrer das decisões proferidas na jurisdição da infância e da juventude e oficiar nos recursos interpostos por outrem;
e) exercer quaisquer outras atribuições conferidas em lei.

III - na Curadoria de Família e Sucessões:
1. emitir parecer nas habilitações para casamento, justificações, dispensas de proclamas e nas separações e divórcio consensuais;
2. designar pessoa idônea para oficiar nos procedimentos de habilitação de casamento civil, instaurados, na Comarca, fora da cidade-sede, mediante autorização do Procurador-Geral;
3. opinar:
a) nas justificativas de casamento nuncupativo, no suprimento de licença de pais ou tutores para casamento, e na vênia para matrimônio, com o fim de evitar imposição ou cumprimento de pena, ou de medida especial;
b) nos pedidos de emancipação;
4. opor os impedimentos da lei à celebração do matrimônio;
5. oficiar:
a) nas separações judiciais, na conversão destas em divórcio, e nas ações de divórcio, de nulidade ou de anulação de casamento, em quaisquer outras ações relativas ao estado ou capacidade das pessoas, e nas investigações de paternidade, cumuladas ou não com petição de herança;

---

[45] Redação da Lei nº 9.195/91.

b) nos processos de suspensão, perda ou extinção do pátrio poder, nas hipóteses previstas na lei civil, e promovê-los quando for o caso;

c) nas ações concernentes ao regime de bens de casamento, ao dote, aos bens parafernais e às doações antenupciais;

d) no suprimento de outorga a cônjuge, para alienação ou oneração de bens;

e) nas questões relativas à instituição ou à extinção de bem de família;

f) nos pedidos de alienação, locação e constituição de direitos reais, relativos a bens de incapazes;

g) nas ações de alimentos, ou promovê-las quando se tratar de pessoa miserável, e sempre mediante solicitação do interessado ou do representante legal do incapaz, desde que não haja serviço de assistência judiciária;

h) nas ações relativas à posse e guarda dos filhos menores, quer entre os pais, quer entre estes e terceiros;

i) nas demais ações onde houver interesses de menores e interditos;

j) na arrecadação de herança jacente, e promover a devolução de bens vacantes e o respectivo registro, dando ciência deste ao Corregedor-Geral;

l) nos processos relativos a testamentos;

m) em todos os atos de jurisdição voluntária, necessários à proteção da pessoa dos incapazes e à administração de seus bens;

6. promover:

a) a nulidade de casamento contraído perante autoridade incompetente;

b) a interdição nos casos estabelecidos na lei civil, defender o interditando, quando for por outrem promovida a ação, e opinar nos pedidos de levantamento de incapacidade;

c) a nomeação de curadores, administradores provisórios e tutores, nos casos previstos no número 5, letra *b*, deste item;

d) a nulidade dos atos jurídicos praticados por pessoa absolutamente incapaz, ou argüi-la, quando atuar como fiscal da lei;

e) a execução contra o inventariante ou testamenteiro que não pagar, no prazo legal, o alcance verificado em suas contas;

f) ações e medidas preventivas, tendentes a salvaguardar a administração dos bens dos incapazes e ausentes;

g) abertura de sucessão provisória ou definitiva de ausentes;

h) a remoção de inventariantes e testamenteiros, exigir-lhes prestação de contas;

i) a arrecadação dos resíduos para a entrega à Fazenda Pública, ou para cumprimento de testamento;

7. requerer:

a) especialização e inscrição de hipoteca legal em favor de incapazes, prestação de contas e remoção e destituição de curadores, administradores provisórios e tutores;

b) a nomeação de curador especial aos incapazes, quando os interesses destes colidirem com os dos pais, tutores ou curadores;

c) o início ou andamento do inventário e partilha de bens, quando houver interessados incapazes, e as providências sobre a efetiva arrecadação, aplicação e destino dos bens e dinheiros das mesmas pessoas;

d) a arrecadação de bens de ausentes, assistindo pessoalmente às respectivas diligências, e promover a conversão em imóveis ou em títulos de dívida pública, dos bens móveis arrecadados;

e) a intimação dos depositários de testamentos, para que os exibam, a fim de serem abertos e cumpridos, e a dos testamenteiros, para que prestem o compromisso legal;

8. emitir parecer nas medidas que visem a garantir os direitos dos nascituros;

9. inspecionar os estabelecimentos onde se achem recolhidos interditos, menores e órfãos, promovendo as medidas reclamadas pelos seus interesses;

10. intervir na homologação dos testamentos nuncupativos;

11. dar parecer nos processos de registro, inscrição e cumprimento de testamento;

12. funcionar nos processos de sub-rogação de bens gravados ou inalienáveis e nos de extinção de usufruto e fideicomisso;

13. exercer outras atribuições que lhe sejam conferidas em lei ou regulamento;

IV - na Curadoria de Massas Falidas:

1. promover a ação penal nos crimes falimentares e oficiar em todos os termos da que for intentada por queixa;

2. exercer:

a) as atribuições conferidas ao Ministério Público pela legislação especial nos processos de falências e concordatas e em todas as ações e reclamações sobre os bens e interesses relativos à massa falida;

b) outras atribuições que lhe sejam conferidas em lei ou regulamento;

V - na Curadoria de Acidentes do Trabalho: exercer todas as atribuições que lhe são conferidas pela legislação especial;

VI - na Curadoria de Registros Públicos:

1. funcionar nos processos de suprimento, retificação, anulação, averbação e restauração de registro civil;

2. oficiar nos pedidos de retificação de erros no registro de imóveis, nas ações de retificação e nos processos de dúvida, podendo recorrer à superior instância;

3. intervir nos processos de registro Torrens;

4. exercer as atribuições conferidas pela Lei Federal nº 6.766, de 19 de dezembro de 1979;

5. exercer outras atribuições que sejam conferidas em lei ou regulamento;

VII - na Curadoria de Fundações:

- *V.* LO, art. 19.

1. fiscalizar e inspecionar as fundações e, especialmente:
2. requerer:

a) que os bens doados, quando insuficientes para constituir a fundação, sejam convertidos em títulos de dívida pública, se de outro modo não tiver disposto o instituidor;

b) a remoção dos administradores das fundações nos casos de negligência ou prevaricação, e a nomeação de quem os substitua, salvo o disposto nos respectivos estatutos ou atos constitutivos;

3. notificar ou requerer a notificação de quaisquer responsáveis por fundações que recebem legados, subvenções ou outros benefícios, para prestarem contas de sua administração;

4. promover o seqüestro dos bens das fundações ilegalmente alienados e as ações necessárias à anulação dos atos praticados sem observância das prescrições legais ou estatutárias;

5. examinar as contas das fundações e promover a verificação de que trata o art. 30, parágrafo único, do Código Civil;

6. elaborar os estatutos das fundações, se não o fizerem aqueles a quem o instituidor cometeu o cargo;

7. zelar pelas fundações e oficiar nos processos que lhes digam respeito;

8. dar ciência ao Procurador-Geral das medidas que tiver tomado no interesse das fundações, remetendo as respectivas peças de informação;

9. exercer outras atribuições que lhe sejam conferidas em lei ou regulamento;

VIII - nas Varas Cíveis, oficiar:

1. nos feitos em que houver interesse de incapazes;
2. nas ações de usucapião;
3. nos casos de obrigatória intervenção do Ministério Público;

IX - como substituto, na comarca da Capital:

1. substituir os Promotores de Justiça titulares nos seus impedimentos, faltas, férias, licença e afastamento;
2. auxiliar os titulares, por designação do Procurador-Geral;

X - nas comarcas do interior, também:

1. a representação em juízo, ou fora dele, dos interesses da União, na forma da lei, excetuando-se o recebimento de citação inicial;

- *V.* CF, art. 129, IX, que vedou essa representação.

2. o patrocínio dos interesses do Estado em juízo, nos termos da lei, quando não houver órgão ou funcionário encarregado do ofício;

- O Decreto Estadual n° 39.344/99 confere aos Procuradores do Estado esse patrocínio e dispõe sobre a estrutura básica da Procuradoria-Geral do Estado.

3. promover as reclamações dos empregados, defendê-los ou assisti-los em matéria trabalhista, onde não houver Junta de Conciliação e Julgamento ou Sindicato da correspondente categoria profissional;

4. exercer as atribuições de curadoria, salvo se houver indicação específica de outro Promotor de Justiça para essa função;

5. promover a ação civil pública de responsabilidade por danos causados ao meio ambiente, ao consumidor, a bens e direitos de valor artístico, estético, histórico, turístico e paisagístico;[46]

- V. LO, art. 20, § 4°, III, e § 7°, VI.

5.1. para tais fins, ao Promotor de Justiça incumbirão, na sua respectiva área de atuação, as atribuições previstas no artigo 20, par. 6°, incisos I, II, III, IV, V, VI, VII e VIII da Lei n° 7.669/82.[47]

- A menção, atualmente, deve ser feita ao § 8° do art. 20, e não ao § 6°, em face das alterações havidas.

Parágrafo único. Excluem-se da incumbência dos Curadores de Família e Sucessões as atribuições enumeradas no item III deste artigo, quando se referir a menores em situação irregular ou acusados de atos definidos como infração penal.

- V. inciso II deste artigo.

Art. 32. São, ainda, atribuições do Promotor de Justiça:

I - inspecionar, mensalmente, os estabelecimentos prisionais, fazendo constar do livro próprio o termo de visita e as providências que entender necessárias;

- V. CE, art. 111, II.

II - promover ou acompanhar os pedidos de concessão do auxílio-reclusão;

- V. CE, art. 111, II.

III - exercer as atribuições conferidas pela Lei Federal n° 4.330, de 1° de junho de 1964;

IV - remeter ao Procurador-Geral, no prazo de cinco dias, contado do término da reunião do Tribunal do Júri, relatórios discriminando os processos submetidos a julgamento, com indicação do nome dos réus, da natureza dos crimes, lugar e data em que foram praticados e fundamento da sentença, com a especificação dos recursos interpostos;

- De fato, o relatório é remetido à Corregedoria-Geral.

---

[46] Redação da Lei n° 8.155/86.
[47] Redação da Lei n° 8.155/86.

V - comunicar ao Procurador-Geral a inexistência de processos em pauta para julgamento, se negativa a reunião do Tribunal do Júri;
- *V.* inciso anterior.

VI - examinar, nos estabelecimentos prisionais, a escrita relativa a dinheiro e valores dos internados, promovendo responsabilidades, quando for o caso;
- *V.* LON, art. 25, VI; CE, art. 111, II.

VII - opinar nos pedidos de serviço externo dos sentenciados;
- *V.* LON, art. 25, VI; CE, art. 111, II.

VIII- comunicar ao Procurador-Geral as deficiências materiais e pessoais observadas nos estabelecimentos prisionais;
- *V.* LON, art. 25, VI; CE, art. 111, II.

IX - visitar as delegacias de polícia, fiscalizando o andamento dos inquéritos;
- *V.* CF, art. 129, VII; CE, art. 111, II e IV.

X - fiscalizar a freqüência à escola primária de menores em idade escolar;
- *V.* ECA, art. 54, §§ 2º e 3º, arts. 55 e 56.

XI - acompanhar atos investigatórios junto a organismos policiais ou administrativos, quando assim considerar conveniente à apuração de infrações penais, ou se designados pelo Procurador-Geral;
- *V.* LON, art. 10, IX, *e*; LO, art. 20, § 3º, I.

XII - promover diligências e requisitar documentos e certidões de qualquer repartição pública ou órgão federal, estadual ou municipal, da administração direta ou indireta, ressalvadas as hipóteses legais de sigilo e de segurança nacional, podendo dirigir-se diretamente a qualquer autoridade;
- *V.* LON, art. 26, I; CE, art. 111, parágrafo único.

XIII- expedir notificações ou requisitar informações, resguardando o direito de sigilo;
- *V.* LON, art. 26, I e II, e seu § 2º; CE, art. 111, parágrafo único, letra *a*.

XIV - assumir a direção de inquérito policial, quando designado pelo Procurador-Geral, nos termos do artigo 25, I, nº 32.
- Não há mais essa possibilidade, com a alteração desta lei pela nº 11.350/99 (DOE de 13/07/99).

Art. 33. O Promotor de Justiça apresentará à Corregedoria-Geral do Ministério Público, anualmente, no prazo por esta fixado, o relatório de suas atividades funcionais.
- *V.* LON, art. 17, VIII; LO, art. 28, XI e XVI.

Parágrafo único. No prazo de quinze dias, contado do término da substituição, encaminhará relatório dos trabalhos nela desenvolvidos.

Capítulo VII
DAS PRERROGATIVAS

Art. 34. No exercício de suas atribuições, têm os membros do Ministério Público as seguintes prerrogativas:
- *V.* LON, arts. 40 e 41; EMP, arts. 57 a 60.

I - examinar, em qualquer repartição policial, autos de flagrante, livros de ocorrência e quaisquer registros policiais, podendo copiar peças e tomar apontamentos;
- *V.* LON, art. 41, VIII.

II - ingressar livremente em qualquer edifício ou recinto em que funcione repartição judicial, policial ou outro serviço público, onde devam praticar ato ou colher prova ou informação útil ao exercício da atividade funcional, dentro do expediente regulamentar ou, fora dele, desde que presente qualquer funcionário;
- *V.* LON, art. 41, VI, VII e VIII.

III - participar de todos os julgamentos perante os órgãos de 2º grau de jurisdição, produzindo parecer oral, quando parte ou fiscal da lei;
- *V.* LON, art. 41, III e IV; LO, art. 29, III; EMP, art. 59, IV.

IV - pedir a palavra, pela ordem, durante o julgamento, em qualquer Juízo ou Tribunal, para, mediante intervenção sumária, esclarecer equívoco ou dúvida surgida em relação a fatos, documentos e informações que influam ou possam influir no julgamento, bem como para esclarecer opiniões emitidas no parecer escrito ou oral;
- *V.* LON, art. 41, III; LO, art. 29, III; EMP, art. 59, IV.

V - ter a palavra, pela ordem, perante qualquer Juízo ou Tribunal, para replicar acusação ou censura que lhes tenham sido feitas;
- *V.* LON, art. 41, III; LO, art. 29, III; EMP, art. 59, IV.

VI - tomar assento à direita do Presidente da sessão dos Tribunais, e do Juiz nas audiências de primeira instância;
- *V.* LON, art. 41, XI; EMP, art. 59, III.

VII - falar sentado sempre que usar da palavra;
VIII- obter, sem despesa, a realização de buscas e o fornecimento de certidões dos cartórios ou de quaisquer outras repartições públicas.
- *V.* LON, art. 26, § 3º.

Capítulo VIII
DOS AUXILIARES DO MINISTÉRIO PÚBLICO

Art. 35. São atribuições do Estagiário:
- *V.* LON, art. 37; LO, arts. 24 e 25, incisos XI, *g*, e XLII.

I - auxiliar o órgão do Ministério Público junto ao qual servir:

1. no exame de autos e papéis, na realização de pesquisas, organização de notas e fichários, controle de recebimento e devolução de autos, comunicando-lhe as irregularidades que observar;

2. acompanhando-o nos atos e termos judiciais;

II - estar presente às sessões do Tribunal do Júri assistindo o Promotor de Justiça no que for necessário.

Título IV
DAS DISPOSIÇÕES ESPECIAIS E TRANSITÓRIAS

Art. 36. Os Promotores de Justiça funcionarão nas comarcas do Estado, podendo exercer suas funções em mais de uma.

§ 1º Nas Comarcas do interior providas de mais de um Promotor de Justiça, o Procurador-Geral distribuirá, eqüitativamente entre eles, os serviços dos Municípios que as constituem.

- V. LO, art. 25, XLVI.

§ 2º No caso do parágrafo anterior, o Procurador-Geral dará ao titular não designado privativamente, como compensação, outras funções, salvo nos feitos criminais, em que se observará rigorosa distribuição.

§ 3º O exercício das atribuições conferidas à Curadoria de Menores caberá, nas Comarcas do interior do Estado onde houver pluralidade de Promotores de Justiça, a um deles, privativamente, observado o disposto no parágrafo anterior.

§ 4º Sempre que exigir o volume de serviço, nas comarcas do interior providas de mais de um Promotor de Justiça, o Procurador-Geral poderá designar um deles para as funções privativas de Curador, mediante a especialização de atribuições.

Art. 37. É vedada a designação de Promotor *ad hoc.*

- V. CF, art. 129, § 2º; LON, art. 25, parágrafo único; RSTJ 13/340 e 28/485.

Art. 38 - O membro do Ministério Público designado para as funções de Subprocurador-Geral de Justiça para Assuntos Jurídicos, Subprocurador-Geral de Justiça para Assuntos Administrativos, Procurador de Fundações, Chefe de Gabinete, Procurador-Supervisor de Coordenadorias de Promotorias de Justiça, Procurador-Assessor, Promotor-Assessor, Promotor-Corregedor, Coordenador de Promotorias de Justiça, Promotor de Justiça designado em Coordenadorias de Promotorias de Justiça, Coordenadorias de Centro de Apoio Operacional e Promotor do Júri da Capital perderá a classificação no cargo de que for titular.[48]

- V. EMP, art. 46, §§ 2º e 3º.

---

[48] Redação da Lei nº 11.003/97.

§ 1º O membro do Ministério Público que houver perdido a classificação, nos termos do *caput* deste artigo, terá preferência para a classificação na primeira vaga por merecimento que abrir após a revogação do ato de nomeação ou designação.

§ 2º Os membros do Ministério Público, que atualmente exercem as funções especificadas acima, caso manifestem interesse, em 10 (dez) dias, poderão manter a classificação até a revogação do ato de designação.[49]

Art. 39. O Procurador-Geral providenciará para que a escolha e a investidura dos primeiros integrantes do Órgão Especial do Colégio de Procuradores se proceda até 14 de junho do ano corrente.

Art. 40. (VETADO)

Art. 41. Os cargos efetivos e os Órgãos de Administração do Ministério Público são distribuídos de acordo com os anexos desta Lei.[50]

- Ver, ainda, o Anexo II, constante da Lei nº 11.282/98, quanto aos Procuradores de Justiça (anexa).

Art. 42. Revogam-se as disposições em contrário.

Art. 43. Esta Lei entrará em vigor na data de sua publicação.

QUADRO Nº 1 - ANEXO À LEI Nº 7.669, DE 17.6.82.[51]

A - ÓRGÃOS DA ADMINISTRAÇÃO SUPERIOR DO MINISTÉRIO PÚBLICO
- Procuradoria-Geral de Justiça
- Colégio de Procuradores de Justiça
- Conselho Superior do Ministério Público
- Corregedoria-Geral do Ministério Público

B - CLASSIFICAÇÃO DOS PROCURADORES DE JUSTIÇA
- Procuradores de Justiça Criminal.................. 25
- Procuradores de Justiça Cível 46
- Procuradores de Justiça com atuação especializada 02
- Procuradores de Justiça Substitutos 52
    TOTAL 125

---

[49] Redação do *caput* e dos parágrafos dada pela Lei nº 9.505/92.
[50] Redação da Lei nº 7.744/82.
[51] Redação dada pela Lei nº 11.282/98.

QUADRO Nº 2 - ANEXO À LEI Nº 7.669, DE 17.6.82.[52]

CLASSIFICAÇÃO DOS PROMOTORES DE
JUSTIÇA DE ENTRÂNCIA FINAL — CARGOS

Promotor de Justiça junto à 1ª Vara Criminal	1
Promotor de Justiça junto à 2ª Vara Criminal	1
Promotor de Justiça junto à 3ª Vara Criminal	1
Promotor de Justiça junto à 4ª Vara Criminal	1
Promotor de Justiça junto à 5ª Vara Criminal	1
Promotor de Justiça junto à 6ª Vara Criminal	1
Promotor de Justiça junto à 7ª Vara Criminal	1
Promotor de Justiça junto à 8ª Vara Criminal	1
Promotor de Justiça junto à 9ª Vara Criminal	1
Promotor de Justiça junto à 10ª Vara Criminal	1
Promotor de Justiça junto à 11ª Vara Criminal	1
Promotor de Justiça junto à 12ª Vara Criminal	1
Promotor de Justiça junto à 13ª Vara Criminal	1
Promotor de Justiça junto à 14ª Vara Criminal	1
Promotor de Justiça junto às Varas Criminais Regionais	9
Promotor de Justiça junto às Varas Cíveis	6
Promotor de Justiça junto às Varas Cíveis Regionais	7
Promotor de Justiça junto à 1ª Vara de Família e Sucessões	1
Promotor de Justiça junto à 2ª Vara de Família e Sucessões	1
Promotor de Justiça junto à 3ª Vara de Família e Sucessões	1
Promotor de Justiça junto à 4ª Vara de Família e Sucessões	1
Promotor de Justiça junto à 5ª Vara de Família e Sucessões	1
Promotor de Justiça junto à 6ª Vara de Família e Sucessões	1
Promotor de Justiça junto à 7ª Vara de Família e Sucessões	1
Promotor de Justiça junto à 8ª Vara de Família e Sucessões	1
Promotor de Justiça junto à 1ª Vara de Acidentes de Trânsito	1
Promotor de Justiça junto à 2ª Vara de Acidentes de Trânsito	1
Promotor de Justiça junto à 3ª Vara de Acidentes de Trânsito	1
Promotor de Justiça junto à Vara de Acidentes do Trabalho	1
Promotor de Justiça junto à Vara de Registros Públicos	1
Promotor de Justiça junto ao Juizado de Menores	6
Promotor de Justiça junto à Vara de Execuções Criminais	3
Promotor de Justiça junto à Vara de Falências e Concordatas	3
Promotor de Justiça junto à Justiça Militar do Estado	2
Promotor de Justiça junto à 1ª Vara da Fazenda Pública	2
Promotor de Justiça junto à 2ª Vara da Fazenda Pública	2
Promotor de Justiça junto à 3ª Vara da Fazenda Pública	2
Promotor de Justiça junto à 4ª Vara da Fazenda Pública	2
Promotor de Justiça junto à 5ª Vara da Fazenda Pública	2
Promotor de Justiça junto à 6ª Vara da Fazenda Pública	1
Promotor de Justiça junto à 7ª Vara da Fazenda Pública	2
Promotor de Justiça Substituto	65
TOTAL	**141**

---

[52] Alterado pelas Leis nºs 7.755/82, 8.651/88, 8.871/89, 8.902/89, 8.903/89, 9.195/91, 9.498/92, 9.727/92, 10.730/96, 10.871/96, 11.039/97, 11.155/98.

QUADRO Nº 3 - ANEXO À LEI Nº 7.669, DE 17.6.82.[53]

CLASSIFICAÇÃO DOS PROMOTORES DE JUSTIÇA DE ENTRÂNCIA INTERMEDIÁRIA

Nº	COMARCA	CARGO	Nº
01	Alegrete	Promotor de Justiça	04
02	Alvorada	Promotor de Justiça	04
03	Bagé	Promotor de Justiça	05
		Promotor de Justiça Substituto	01
04	Bento Gonçalves	Promotor de Justiça	04
		Promotor de Justiça Substituto	01
05	Cachoeira do Sul	Promotor de Justiça	04
06	Cachoeirinha	Promotor de Justiça	03
		Promotor de Justiça Substituto	01
07	Camaquã	Promotor de Justiça	03
08	Canoas	Promotor de Justiça	11
		Promotor de Justiça Substituto	02
09	Carazinho	Promotor de Justiça	04
10	Caxias do Sul	Promotor de Justiça	11
		Promotor de Justiça Substituto	03
11	Cruz Alta	Promotor de Justiça	04
		Promotor de Justiça Substituto	01
12	Dom Pedrito	Promotor de Justiça	03
13	Erexim	Promotor de Justiça	04
		Promotor de Justiça Substituto	01
14	Esteio	Promotor de Justiça	04
15	Estrela	Promotor de Justiça	03
16	Frederico Westphalen	Promotor de Justiça	02
17	Gravataí	Promotor de Justiça	04
18	Guaíba	Promotor de Justiça	04
19	Ijuí	Promotor de Justiça	05
		Promotor de Justiça Substituto	01
20	Lajeado	Promotor de Justiça	04
21	Montenegro	Promotor de Justiça	04
22	Novo Hamburgo	Promotor de Justiça	08
		Promotor de Justiça Substituto	01
23	Osório	Promotor de Justiça	03
24	Palmeira das Missões	Promotor de Justiça	04
25	Passo Fundo	Promotor de Justiça	11
26	Pelotas	Promotor de Justiça	12
		Promotor de Justiça Substituto	01
27	Rio Grande	Promotor de Justiça	08
		Promotor de Justiça Substituto	01
28	Rio Pardo	Promotor de Justiça	03

[53] Alterado pelas Leis nºs 7.744/82, 7.755/82, 7.853/83, 7.997/85, 8.149/86, 8.651/88, 8.871/89, 8.902/89, 9.195/91, 9.498/92, 9.686/92, 9.763/92, 10.558/95, 10.730/96, 11.156/98, 11.257/98, 11.295/98.

29	Santana do Livramento	Promotor de Justiça	04
30	Santa Cruz do Sul	Promotor de Justiça	06
		Promotor de Justiça Substituto	01
31	Santa Maria	Promotor de Justiça	11
		Promotor de Justiça Substituto	02
32	Santa Rosa	Promotor de Justiça	04
		Promotor de Justiça Substituto	01
33	Santo Ângelo	Promotor de Justiça	04
		Promotor de Justiça Substituto	01
34	São Borja	Promotor de Justiça	04
35	São Gabriel	Promotor de Justiça	04
36	São Jerônimo	Promotor de Justiça	03
37	São Leopoldo	Promotor de Justiça	07
		Promotor de Justiça Substituto	01
38	São Luiz Gonzaga	Promotor de Justiça	04
39	Sapucaia do Sul	Promotor de Justiça	04
40	Soledade	Promotor de Justiça	04
41	Uruguaiana	Promotor de Justiça	06
		Promotor de Justiça Substituto	01
42	Vacaria	Promotor de Justiça	04
43	Venâncio Aires	Promotor de Justiça	02
44	Viamão	Promotor de Justiça	05
		Promotor de Justiça Substituto	01
		TOTAL	**241**

QUADRO Nº 4 - ANEXO À LEI Nº 7.669, DE 17.6.82.[54]

CLASSIFICAÇÃO DOS PROMOTORES DE JUSTIÇA DE ENTRÂNCIA INICIAL

COMARCA	CARGO	Nº
Agudo	Promotor de Justiça	01
Antônio Prado	Promotor de Justiça	01
Arroio do Meio	Promotor de Justiça	01
Arroio do Tigre	Promotor de Justiça	01
Arroio Grande	Promotor de Justiça	01
Arvorezinha	Promotor de Justiça	01
Augusto Pestana	Promotor de Justiça	01
Barra do Ribeiro	Promotor de Justiça	01
Bom Jesus	Promotor de Justiça	01
Butiá	Promotor de Justiça	01
Cacequi	Promotor de Justiça	01
Caçapava do Sul	Promotor de Justiça	01
Campina das Missões	Promotor de Justiça	01
Campinas do Sul	Promotor de Justiça	01
Campo Bom	Promotor de Justiça	02
Campo Novo	Promotor de Justiça	01

---

[54] Alterado pelas Leis nºs 7.744/82, 7.755/82, 7.823/83, 7.997/85, 8.161/86, 8.871/89, 8.902/89, 9.498/92, 10.676/96, 10.730/96, 11.050/97, 11.155/98.

Candelária	Promotor de Justiça	01
Canela	Promotor de Justiça	01
Canguçu	Promotor de Justiça	02
Capão da Canoa	Promotor de Justiça	01
Carlos Barbosa	Promotor de Justiça	01
Casca	Promotor de Justiça	01
Catuípe	Promotor de Justiça	01
Cerro Largo	Promotor de Justiça	02
Charqueadas	Promotor de Justiça	01
Constantina	Promotor de Justiça	01
Coronel Bicaco	Promotor de Justiça	01
Crissiumal	Promotor de Justiça	01
Dois Irmãos	Promotor de Justiça	01
Encantado	Promotor de Justiça	01
Encruzilhada do Sul	Promotor de Justiça	01
Espumoso	Promotor de Justiça	01
Estância Velha	Promotor de Justiça	01
Farroupilha	Promotor de Justiça	02
Faxinal do Soturno	Promotor de Justiça	01
Feliz	Promotor de Justiça	01
Flores da Cunha	Promotor de Justiça	01
Garibaldi	Promotor de Justiça	01
Gaurama	Promotor de Justiça	01
General Câmara	Promotor de Justiça	01
Getúlio Vargas	Promotor de Justiça	02
Giruá	Promotor de Justiça	02
Gramado	Promotor de Justiça	01
Guaporé	Promotor de Justiça	01
Guarani das Missões	Promotor de Justiça	01
Herval	Promotor de Justiça	01
Horizontina	Promotor de Justiça	01
Ibirubá	Promotor de Justiça	01
Igrejinha	Promotor de Justiça	01
Iraí	Promotor de Justiça	01
Itaqui	Promotor de Justiça	02
Jaguarão	Promotor de Justiça	01
Jaguari	Promotor de Justiça	01
Júlio de Castilhos	Promotor de Justiça	01
Lagoa Vermelha	Promotor de Justiça	03
Lavras do Sul	Promotor de Justiça	01
Marau	Promotor de Justiça	01
Marcelino Ramos	Promotor de Justiça	01
Mostardas	Promotor de Justiça	01
Não-Me-Toque	Promotor de Justiça	01
Nonoai	Promotor de Justiça	01
Nova Petrópolis	Promotor de Justiça	01
Nova Prata	Promotor de Justiça	01
Palmares do Sul	Promotor de Justiça	01
Panambi	Promotor de Justiça	01
Parobé	Promotor de Justiça	01
Pedro Osório	Promotor de Justiça	01

Pinheiro Machado	Promotor de Justiça	01
Piratini	Promotor de Justiça	01
Planalto	Promotor de Justiça	01
Portão	Promotor de Justiça	01
Porto Xavier	Promotor de Justiça	01
Quaraí	Promotor de Justiça	01
Restinga Seca	Promotor de Justiça	01
Rodeio Bonito	Promotor de Justiça	01
Ronda Alta	Promotor de Justiça	01
Rosário do Sul	Promotor de Justiça	02
Sananduva	Promotor de Justiça	01
Santa Bárbara do Sul	Promotor de Justiça	01
Santa Vitória do Palmar	Promotor de Justiça	02
Santiago	Promotor de Justiça	03
Santo Antônio da Patrulha	Promotor de Justiça	02
Santo Antônio das Missões	Promotor de Justiça	01
Santo Augusto	Promotor de Justiça	01
Santo Cristo	Promotor de Justiça	01
São Francisco de Assis	Promotor de Justiça	01
São Francisco de Paula	Promotor de Justiça	01
São José do Norte	Promotor de Justiça	01
São José do Ouro	Promotor de Justiça	01
São Lourenço do Sul	Promotor de Justiça	01
São Marcos	Promotor de Justiça	01
São Pedro do Sul	Promotor de Justiça	01
São Sebastião do Caí	Promotor de Justiça	02
São Sepé	Promotor de Justiça	01
São Valentim	Promotor de Justiça	01
São Vicente do Sul	Promotor de Justiça	01
Sarandi	Promotor de Justiça	01
Sapiranga	Promotor de Justiça	02
Seberi	Promotor de Justiça	01
Sobradinho	Promotor de Justiça	01
Tapejara	Promotor de Justiça	01
Tapera	Promotor de Justiça	01
Tapes	Promotor de Justiça	01
Taquara	Promotor de Justiça	03
Taquari	Promotor de Justiça	01
Tenente Portela	Promotor de Justiça	01
Teutônia	Promotor de Justiça	01
Torres	Promotor de Justiça	02
Tramandaí	Promotor de Justiça	03
Três de Maio	Promotor de Justiça	02
Três Passos	Promotor de Justiça	02
Triunfo	Promotor de Justiça	01
Tucunduva	Promotor de Justiça	01
Tupanciretã	Promotor de Justiça	01
Vera Cruz	Promotor de Justiça	01
Veranópolis	Promotor de Justiça	01
	Promotor de Justiça Substituto	30
TOTAL		**169**

Estatuto do Ministério Público do Rio Grande do Sul

LEI Nº 6.536, DE 31 DE JANEIRO DE 1973[1]
• Doravante, esta lei será citada com a sigla EMP.

Título I
Disposições Preliminares

Art. 1º Este Estatuto regula o provimento, a vacância e o exercício dos cargos do Ministério Público, os vencimentos e vantagens, os direitos, deveres e responsabilidades de seus membros.

Art. 2º O Procurador-Geral de Justiça é o chefe do Ministério Público; os Procuradores de Justiça ocupam o último grau da carreira; os Promotores de Justiça são classificados em três entrâncias, correspondentes às da primeira instância da organização judiciária do Estado.

• *V.* LON, arts. 10, I, 12, 19, 23, 31 e 32; LO, arts. 4º, 8º, 9º, 21 e 23; art. 5º, adiante.

Art. 3º Os membros do Ministério Público, com exceção do Procurador-Geral, são efetivos desde a posse e gozam das seguintes garantias:

• *V.* CF, art. 128, § 5º, I; LON, arts. 38 e 53; CE, art. 113.

I - estabilidade, após dois anos de efetivo exercício no cargo, não podendo ser demitidos senão mediante decisão condenatória, proferida em processo judicial ou administrativo, em que se lhes assegure ampla defesa;

• Revogada a expressão "ou administrativo":
  V. CF, art. 128, § 5º, I, *a*; LON, art. 38, I; CE, art. 113, I, *a*.
• Estabilidade: em seu lugar, leia-se vitaliciedade, após a CF/88.

II - irredutibilidade de vencimentos que, todavia, ficarão sujeitos aos impostos gerais;

• Leia-se irredutibilidade de subsídios:
• *V.* CF, art. 128, § 5º, c, com a redação da EC 19/98; LON, arts. 38, III, e 50; CE, art. 113, I, *c*.

---
[1] Alterada pelas Leis nºs 6.619/73, 6.705/74, 6.969/75, 7.097/77, 7.344/79, 7.484/81, 7.525/81, 7.670/82, 7.744/82, 7.982/85, 8.010/85, 8.794/89, 8.871/89, 8.894/89, 8.903/89, 9.082/90, 9.505/92, 11.282/98, 11.298/98, 11.348/99, 11.349/99, 11.355/99.

III - inamovibilidade, salvo representação motivada do Procurador-Geral, com fundamento na conveniência do serviço, ouvido o Conselho Superior do Ministério Público.

- V. LON, art. 12, VIII, d, art. 15, VIII e art. 38, II; CE, art. 113, I, b.

Art. 4º É vedado ao membro do Ministério Público:
- V. CF, art. 128, § 5º, II.

I - exercer a advocacia; (VETADO)
- V. LON, art. 38, § 1º, II, e art. 44, II; EOAB, arts. 1º e 28, II.

II - contratar com pessoa jurídica de direito público, direta ou indiretamente, por si ou como representante de outrem;
- V. LON, art. 44, I.

III - participar da gerência ou administração de empresa industrial ou comercial, podendo, no entanto, ser acionista, cotista ou comanditário;
- V. LON, art. 44.

IV - requerer ou promover a concessão de privilégios, garantia de juros ou de outros favores semelhantes, exceto o privilégio de invenção própria;

V - exercer outro cargo ou função pública, salvo o de professor ou outro que vier a ser facultado nos termos da Constituição Federal;
- V. CF, art. 128, § 5º, II, d; LON, art. 44, IV.

VI - integrar, sem autorização do Procurador-Geral, ouvido o Conselho Superior do Ministério Público, comissões de sindicância ou de processo administrativo estranhas ao Ministério Público;
- V. LO, art. 27, III, h.

VII - receber, direta ou indiretamente, custas, honorários, comissões, emolumentos ou qualquer outra vantagem econômica, tenha o nome que tiver, pelo despacho de processos sujeitos à sua apreciação.
- V. CF, art. 128, § 5º, II, a; LON, art. 44, I.

Título II
DA CARREIRA

Capítulo I
DO CONCURSO DE INGRESSO

Art. 5º A carreira do Ministério Público inicia-se no cargo de Promotor de Justiça, provido mediante concurso público de provas e títulos, segundo o disposto na Constituição Federal, na Constituição do Estado do Rio Grande do Sul, na presente Lei e no Edital de Abertura de Concurso, com posterior nomeação por ato do Procurador-Geral de Justiça.[2]
- V. CF, art. 129, § 3º; LON, art. 59; CE, art. 108, § 4º; EMP, art. 2º.

---

[2] Os artigos 5º a 19 foram alterados pela Lei nº 11.333, de 7/6/99.

§ 1º O prazo para inscrição no concurso será, no mínimo, de trinta (30) dias, e os editais respectivos serão publicados pelo menos duas (02) vezes, sendo uma, na íntegra, no órgão oficial, e outra, por extrato, em jornal diário da Capital, de larga circulação.

- Em média, há um concurso por ano.

§ 2º Constarão do edital o número de vagas, as condições para a inscrição, o valor da respectiva taxa, os requisitos para o provimento do cargo, as matérias sobre as quais versarão as provas, bem como os títulos que o candidato poderá apresentar e os respectivos critérios de valoração.

- V. EMP, art. 6º, § 1º, adiante.

§ 3º É obrigatória a abertura do concurso quando o número de vagas atingir um quinto dos cargos iniciais da carreira.

- V. LON, art. 59, § 1º; LO, art. 27, III, c.

Art. 6º São requisitos para inscrição no concurso:

- V. CF, art. 37; LON, art. 59, § 3º.

I - ser brasileiro;

- V. CF, art. 37, I (com a redação da EC 19/98).

II - ser bacharel em Direito;
III - estar no gozo dos direitos políticos e quite com o serviço militar;
IV - ter boa conduta social e não registrar antecedentes de natureza criminal ou cível incompatíveis com o exercício das funções ministeriais;
V - gozar de saúde física e mental;
VI - satisfazer os demais requisitos estabelecidos no edital de abertura de concurso.

- V. EMP, art. 5º, § 2º.

§ 1º A prova dos requisitos apontados nos incisos I e II far-se-á mediante a apresentação de cópias autenticadas da cédula de identidade e do diploma do candidato, ou documentos equivalentes, devendo as situações excepcionais ser dirimidas pela comissão de concurso.

- V. art. 8º, a seguir.

§ 2º A prova dos requisitos mencionados no inciso III far-se-á por meio de certificado de reservista ou documento equivalente e através de atestado fornecido pela Justiça Eleitoral.

§ 3º A prova dos requisitos referidos no inciso IV será feita por folha corrida de todas as Comarcas e órgãos da Justiça em cujo território tiver o candidato residido nos últimos cinco (5) anos.

- A prova de que o candidato goza de saúde física e mental, parece, deva ser feita mediante atestado médico.

§ 4º O Procurador-Geral de Justiça adotará as providências necessárias para eventual exame, pela comissão de concurso, dos autos criminais ou cíveis em que figure o candidato como parte ou interveniente.

§ 5º A comissão de concurso terá ampla autonomia para requisitar, de quaisquer fontes, as informações necessárias, ampliando as investigações, quando for o caso, ao círculo familiar, social ou profissional do candidato, estabelecendo-se, se assim deliberar, prazo para explicações escritas.
- V. LON, arts. 8º, II, e 34; LO, art. 27, X; art. 8º, a seguir.

§ 6º Não obstante inscrito, e até julgamento final do concurso, qualquer candidato poderá dele ser excluído se verificado, pela comissão de concurso, desatendimento de exigência legal, cabendo a deliberação ao Conselho Superior, para o qual caberá pedido de reconsideração, com efeito suspensivo.
- V. LON, art. 15, XIII; LO, art. 27, III, *d*; EMP, art. 19.

Art. 7º O pedido de inscrição, dirigido ao Procurador-Geral de Justiça, será instruído com a demonstração do preenchimento dos requisitos arrolados no artigo anterior ou os referidos no Edital de Abertura de Concurso, acompanhado por duas fotografias 3x4 e por documento comprobatório do recolhimento da taxa respectiva.

Art. 8º A aplicação e o julgamento das provas e dos títulos serão feitos por uma comissão de concurso, assim constituída:
- V. LON, arts. 8º, II, e 34.

I - Procurador-Geral de Justiça, seu Presidente, ou quem este designar dentre os Procuradores de Justiça;
- V. LON, art. 10, XIV, e art. 34, parágrafo único.

II - Corregedor-Geral do Ministério Público;

III - três membros do Ministério Público, escolhidos pelo Conselho Superior;
- V. LON, art. 15, III; LO, arts. 27, X, e 29, XI.

IV - um integrante da Ordem dos Advogados do Brasil, Secção do Rio Grande do Sul, indicado, em lista sêxtupla, pelo Conselho Seccional, e escolhido pelo Conselho Superior do Ministério Público;
- V. LON, art. 15, III e XIII; LO, art. 25, XXVII, e 27, X e XVII.

V - um professor universitário de Direito, de livre escolha do Procurador-Geral de Justiça.

§ 1º As decisões da comissão de concurso serão tomadas por maioria de votos.
- V. EMP, art. 6º, §§ 1º e 5º.

§ 2º A critério do Conselho Superior e por escolha deste, a comissão de concurso poderá receber o acréscimo de um ou mais membros.
- V. LON, art. 34 e parágrafo único.

§ 3º Nas faltas ou impedimentos do Procurador-Geral de Justiça e do Corregedor-Geral do Ministério Público exercerão suas funções, respecti-

vamente, o Subprocurador-Geral de Justiça para Assuntos Jurídicos ou o Subprocurador-Geral de Justiça para Assuntos Administrativos e o Subcorregedor-Geral do Ministério Público.
- *V.* LO, art. 6º, § 2º, e art. 17, § 1º, I, e § 2º, I.

§ 4º Persistindo eventuais faltas ou impedimentos, nos casos do parágrafo anterior, o Conselho Superior indicará um Procurador de Justiça.
- *V.* LO, art. 6º, § 2º, e art. 27, XVII.

Art. 9º O concurso compreenderá as seguintes fases: preliminar, consistente na apreciação da vida pregressa, social e moral do candidato, bem como na realização de prova preambular; intermediária, à qual serão admitidos somente os candidatos aprovados na fase preliminar, consistente na realização de provas escritas; e final, à qual serão admitidos somente os candidatos aprovados na fase intermediária, consistente na realização de provas orais, de tribuna e de títulos.

Parágrafo único. As provas, preferencialmente e no mínimo, versarão sobre Direito Constitucional, Direito Civil, Direito Processual Civil, Direito Penal, Direito Processual Penal, Direito Administrativo e Legislação Institucional do Ministério Público.

Art. 10. A prova preambular, com caráter eliminatório, compreenderá a formulação de questões objetivas de conhecimento jurídico, versando sobre o conteúdo programático constante do Edital, e de língua portuguesa.

§ 1º Os candidatos serão avisados, através de Edital publicado no órgão oficial e em jornal de grande circulação no Estado, com antecedência mínima de dez (10) dias, sobre a data, hora, local e tempo de duração da prova preambular.

§ 2º Será considerado apto a prosseguir no certame o candidato que obtiver, na prova, sessenta (60) por cento de acertos.
- *V.* EMP, arts. 11, § 1º, 12, § 4º, 13, § 2º, 14, § 1º, 15 e 16.
- A redação anterior previa 60% em cada conteúdo.

§ 3º O gabarito (respostas admitidas como corretas) e a nominata dos candidatos aprovados serão publicados, através de Edital, no órgão oficial, podendo os candidatos interpor recurso, no prazo de cinco (05) dias, contados a partir da data indicada no mesmo Edital.

§ 4º A irresignação deverá ser apresentada e endereçada ao Presidente da comissão de concurso através de petição (formulário-padrão), acompanhada das respectivas razões, que deverão vir datilografadas ou digitadas em papel sem qualquer sinal identificador do candidato.

§ 5º Concluído o julgamento público dos recursos atinentes à prova preambular e publicado o seu resultado, serão os candidatos convocados para entrevista individual, pelo Conselho Superior, sobre suas vidas pregressas e conduta social e moral.
- *V.* LO, art. 27, XVII.

§ 6º Ao Conselho Superior competirá decidir, fundamentadamente, em sessão pública, acerca da admissão, ou não, dos candidatos, atendendo às suas qualidades morais e aptidão para o cargo.
- V. LO, art. 27, III, d.

§ 7º A nominata dos candidatos admitidos à fase intermediária do concurso será publicada no órgão oficial, ocasião em que deverão, eventualmente, complementar a documentação exigida à inscrição definitiva ao Concurso. Os candidatos não relacionados terão o prazo de cinco (05) dias para oferecer pedido de reconsideração.
- V. LO, art. 27, III, d.

Art. 11. A fase intermediária consistirá na aplicação de provas escritas, abrangendo os conhecimentos jurídicos constantes do Edital de Abertura de Concurso, na forma ali estabelecida, ficando possibilitado o agrupamento multidisciplinar.

§ 1º Será considerado apto a prosseguir no certame o candidato que obtiver média igual ou superior a seis (6,00) nas duas provas escritas, excluído aquele que, em qualquer delas, obtiver grau inferior a quatro (4,00).
- V. EMP, arts. 10, § 2º, 12, § 4º, 13, § 2º, 14, § 1º, 15 e 16.

§ 2º A relação dos números de inscrição ou a nominata dos candidatos aprovados na fase intermediária será publicada através de Edital, no órgão oficial, podendo os candidatos interpor recurso, no prazo de cinco (05) dias, contados a partir da data indicada no mesmo Edital, na forma do artigo 10, parágrafo 4º, desta Lei.

Art. 12. Concluído o julgamento público das provas escritas, serão os candidatos submetidos à fase final do concurso que abrangerá a aplicação de provas orais e de tribuna, previamente anunciadas por Edital publicado no órgão oficial com antecedência mínima de cinco (05) dias e realizadas em local aberto ao público, precedidas dos exames de saúde física e mental e psicotécnico, na forma do Edital de Abertura de Concurso.

§ 1º Os exames de saúde física e mental e psicotécnico serão realizados pelo Departamento de Perícia Médica da Procuradoria-Geral de Justiça.

§ 2º O candidato que não comparecer sem justa causa a tais exames ou deixar de comparecer no prazo suplementar concedido pela comissão de concurso terá cancelada a respectiva inscrição.

§ 3º As provas orais serão realizadas em sessões públicas, permitido o agrupamento multidisciplinar estabelecido no artigo 11, *caput*, e consistirão na argüição sobre os conteúdos programáticos definidos no Edital de Abertura de Concurso, procedida pelos integrantes da comissão de concurso, devendo os respectivos pontos ser sorteados na presença do candidato.

§ 4º O grau das provas orais será atribuído por examinador, de zero (0) a dez (10), sendo aprovado aquele que obtiver média mínima seis (6,00).
- V. EMP, arts. 10, § 2º, 11, § 1º, 13, § 2º, 14, § 1º, 15 e 16.

§ 5º Divulgados os resultados das provas orais através do órgão oficial, serão convocados os aprovados para a realização da prova de tribuna.

Art. 13. A prova de tribuna, com duração de 15 (quinze) minutos, versará sobre tema de Direito Penal, constante do Edital de Abertura de Concurso, com o fim de abordagem téorico-prática, sorteado, publicamente, na presença do candidato com 15 (quinze) minutos de antecedência.

§ 1º O grau da prova de tribuna corresponderá à média aritmética das notas de 0 (zero) a 10 (dez), atribuídas pelos examinadores componentes da Comissão do Concurso.

- *V.* EMP, arts. 10, § 2º, 11, § 1º, 12, § 4º, 14, § 1º, 15 e 16.

§ 2º Considerar-se-á aprovado o candidato que obtiver média igual ou superior a seis (6,00).

Art. 14. Divulgado o resultado da prova de tribuna através do órgão oficial, deverão os candidatos aprovados, no prazo de 5 (cinco) dias, apresentar os títulos, considerados e valorados nos termos definidos no Edital de Abertura de Concurso, até o máximo de dez (10) pontos.

§ 1º Tendo a prova de títulos caráter meramente classificatório, o grau respectivo partirá da nota mínima seis (6,00).

- *V.* EMP, arts. 10, § 2º, 11, § 1º, 12, § 4º, 13, § 1º, 15 e 16.

§ 2º Os títulos serão apresentados sob a forma original, acompanhados por cópia não autenticada. Na ocasião da apresentação, após a confrontação visual, os originais serão devolvidos aos candidatos.

Art. 15. No julgamento da fase final do Concurso, a Comissão calculará a média final dos candidatos, utilizando-se dos seguintes pesos:

I - média das provas escritas: peso 8 (oito);
II - média da prova de tribuna: peso 6 (seis);
III - média das provas orais: peso 5 (cinco);
IV - resultado da prova de títulos: peso 1 (um).

Art. 16. Considerar-se-á aprovado o candidato que obtiver média ponderada igual ou superior a seis (06).

- *V.* EMP, arts. 10, § 2º, 11, § 1º, 12, § 4º, 13, § 2º, 14, § 1º e 15.

Parágrafo único. A publicação da nominata dos candidatos aprovados será procedida através de Edital publicado no órgão oficial, podendo os candidatos interpor recurso, no prazo de cinco (05) dias, contados a partir da data indicada no mesmo Edital.

Art. 17. O resultado final do Concurso será homologado pelo Conselho Superior do Ministério Público que determinará a publicação da lista definitiva dos candidatos aprovados, atendendo à ordem de classificação.

- *V.* LO, art. 27, XI.

§ 1º Em caso de empate, preferir-se-á aquele que tiver obtido melhor nota na prova escrita; se o empate persistir, o que obtiver melhor nota na prova de tribuna; ainda persistindo o empate, sucessivamente, a melhor nota nas provas orais e, supletivamente, na de títulos; persistindo o empate, o que tiver maior tempo de serviço público; e, por fim, o mais idoso.

Art. 18. O concurso terá a validade de dois (02) anos, a contar da publicação do resultado final homologado pelo Conselho Superior do Ministério Público, ocorrendo a caducidade antes desse prazo para o candidato que recusar a nomeação sem justo motivo, devidamente comprovado perante o Conselho Superior.

- V. CF, art. 37, III.

Parágrafo único. Na hipótese de recusa por motivo considerado justo, o candidato passará para o último lugar na lista de classificação.

- V. LON, art. 59, § 2º; EMP, art. 21, § 1º.

Art. 19. Não obstante inscrito, e até julgamento final do concurso, qualquer candidato poderá dele ser excluído se:

- V. EMP, art. 6º, § 6º.

I - omitir, no ato de inscrição, dados relevantes à sindicância de sua vida pregressa;

- V. EMP, art. 6º, §§ 4º, 5º e 6º.

II - fizer uso, durante a realização da prova preambular e das provas escritas, de quaisquer textos ou materiais de doutrina e jurisprudência vedados pelo Edital de Abertura de Concurso.

Capítulo II
DA NOMEAÇÃO

Art. 20. O Procurador-Geral enviará ao Governador do Estado, para nomeação, observada a ordem de classificação dos candidatos no concurso, lista de tantos nomes quantos forem as vagas existentes.

- A nomeação é feita pelo Procurador-Geral de Justiça.
- V. CF, art. 127, § 2º; LON, art. 3º, VII.

§ 1º Assegurar-se-á ao candidato nomeado a escolha da Promotoria de Justiça dentre as que se encontrarem vagas na entrância inicial, observado o critério de classificação no concurso, salvo se a nomeação for para o cargo de Promotor de Justiça Substituto de entrância inicial (Lei nº 7.353, de 21 de janeiro de 1980, art. 3º, § 2º).

- V. CF, art. 37, IV; LON, art. 59, § 2º.

§ 2º O candidato aprovado no concurso que se encontrar, no momento da nomeação, na situação prevista no art. 46, I e II, desta Lei, será nomeado Promotor de Justiça Substituto de entrância inicial.

- V. LO, art. 27, VI, b.

Capítulo III
DA POSSE[3]

Art. 21. O Procurador-Geral dará posse ao Promotor de Justiça perante o Órgão Especial do Colégio de Procuradores, em sessão solene, até quinze dias após a publicação do ato de nomeação no Diário Oficial.
- *V.* LO, art. 8º, IX, e art. 25, XLI.

§ 1º A pedido do interessado e por motivo justificado, o prazo da posse poderá ser prorrogado, até trinta dias, pelo Procurador-Geral.
- *V.* EMP, art. 18, parágrafo único.

§ 2º Quando se tratar de servidor público em férias ou licenciado, exceto nos casos de licença para tratamento de interesses particulares, o início do prazo a que se refere este artigo será contado da data em que deveria voltar ao serviço.

§ 3º A nomeação será tornada sem efeito se a posse não se der dentro dos prazos previstos neste artigo.

§ 4º São condições indispensáveis para a posse:
I - apresentar diploma de bacharel em Direito, devidamente registrado;
- *V.* LON, art. 59, § 3º, II.

II - ter o nomeado aptidão física e psíquica comprovada por inspeção do órgão competente do Estado;
- *V.* EMP, art. 12, § 1º.

III - apresentar certidão negativa criminal da Justiça, atualização da prova de boa conduta social e de cumprimento das obrigações eleitorais, e declaração de seus bens.
- *V.* LON, art. 59, § 4º.

Art. 22. No ato de posse, o Promotor de Justiça prestará o seguinte compromisso:
"Ao assumir o cargo de Promotor de Justiça do Rio Grande do Sul, prometo, pela minha dignidade e honra, desempenhar com retidão as funções do meu cargo e cumprir a Constituição e as leis".
- *V.* LON, art. 59, § 4º; LO, art. 25, XLI.

Art. 23. Prestado o compromisso, o Promotor de Justiça entrará, na mesma data, no exercício do cargo inicial da carreira, ficando à disposição da Corregedoria-Geral do Ministério Público, em estágio de avaliação permanente, pelo período de 6 (seis) meses.[4]
- *V.* LO, art. 28, VI.

---
[3] Título do Capítulo com redação alterada pela Lei nº 11.349/99.
[4] *Caput* do art. 23 e seus parágrafos com redação dada pela Lei nº 11.349/99.

§ 1º Durante o estágio de avaliação permanente, serão considerados, além dos requisitos do *caput* do artigo 25 desta Lei, a qualidade dos trabalhos jurídicos, as atividades funcionais, o aproveitamento de aulas sobre temas jurídicos e extrajurídicos e o laudo psicológico.

§ 2º Na forma do regulamento editado pelo Procurador-Geral de Justiça, por sugestão da Corregedoria-Geral do Ministério Público, será procedida a avaliação dos Promotores de Justiça e serão atribuídos, no final do sexto mês, os seguintes conceitos: O - ótimo; MB - muito bom; B - bom; R - regular; I - insuficiente.

* *V.* LO, art. 27, V, *c*, e art. 28, VII.

§ 3º A avaliação, realizada pela Corregedoria-Geral do Ministério Público, será submetida ao Conselho Superior do Ministério Público que poderá determinar o prosseguimento dos Promotores de Justiça no estágio probatório que obtiverem conceitos "O", "MB" e "B".

§ 4º Determinado o prosseguimento no estágio probatório, os Promotores de Justiça classificar-se-ão nas Promotorias de Justiça de entrância inicial oferecidas pela Administração Superior do Ministério Público.

Art. 24. Os Promotores de Justiça que obtiverem conceitos "R" e "I", qualificados como de aproveitamento insuficiente, poderão ser considerados inaptos para o exercício do cargo por decisão do Conselho Superior do Ministério Público.[5]

* *V.* LO, art. 28, VI e VIII.

§ 1º O interessado terá ciência da decisão do Conselho Superior para, em 10 (dez) dias, apresentar defesa escrita, facultando-se-lhe vista do processo de estágio de avaliação permanente.

* *V.* LO, art. 28, § 1º.

§ 2º Com ou sem a defesa do membro do Ministério Público em estágio de avaliação permanente, o Conselho Superior, após determinar as diligências que entender necessárias, reexaminará o processo, proferindo decisão definitiva.

§ 3º Sendo desfavorável a decisão do parágrafo anterior, o Procurador-Geral de Justiça providenciará no ato de exoneração.

Capítulo IV
DO EXERCÍCIO E DO ESTÁGIO PROBATÓRIO[6]

Art. 25. Decorrido o prazo do artigo 23 desta Lei, durante o período máximo de um ano e seis meses, será apurada a conveniência da permanên-

---
[5] *Caput* do art. 24 e seus parágrafos com redação dada pela Lei nº 11.349/99.
[6] Título do Capítulo com redação alterada pela Lei nº 11.349/99.

cia em estágio probatório ou da confirmação do membro do Ministério Público na carreira, mediante a verificação dos seguintes requisitos:[7]

- V. LO, art. 28, VI; Regulamento do Estágio Probatório (anexo).

I - idoneidade moral;
II - disciplina;
III - contração ao trabalho;
IV - eficiência no desempenho das funções.

§ 1º A permanência em estágio probatório será apreciada aos seis e aos doze meses, e a confirmação aos quinze meses de exercício, dependendo de decisão do Conselho Superior do Ministério Público.

§ 2º Favorável a decisão, a confirmação na carreira será declarada mediante portaria do Procurador-Geral de Justiça.

§ 3º Desfavorável a decisão de permanência ou de confirmação do Conselho Superior, dela terá ciência o interessado que, em 10 (dez) dias, poderá recorrer ao Órgão Especial do Colégio de Procuradores que, por sua vez, decidirá em 30 (trinta) dias.

§ 4º Sendo desfavorável a decisão do Órgão Especial, o Procurador-Geral de Justiça providenciará no ato de exoneração.

Capítulo V
DA PROMOÇÃO

- V. CF, art. 93, II e III, e 129, § 4º; LO, art. 25, VIII.

Art. 26. As promoções na Carreira do Ministério Público operar-se-ão de entrância para entrância, por antigüidade e por merecimento, alternadamente.[8]

- V. LON, arts. 15, § 3º, e 61, I; LO, art. 27, § 3º; EMP, art. 47.

§ 1º A promoção a Procurador de Justiça far-se-á, pelo critério alternado de antigüidade e merecimento, dentre os Promotores de Justiça de última entrância.

- V. LON, art. 61, I.

§ 2º A antigüidade será apurada na entrância e, no caso de igualdade, sucessivamente, no Ministério Público e no serviço público.

- V. LON, art. 61, II.

§ 3º O merecimento, também apurado na entrância, será aferido por critério de ordem objetiva.

- V. LON, art. 61, II, que alterou este parágrafo; art. 27, a seguir.

§ 4º A promoção por antigüidade será feita à vista de simples indicação do Promotor de Justiça mais antigo na entrância e a por merecimento

---

[7] *Caput* do art. 25, incisos e parágrafos com redação alterada pela Lei nº 11.349/99.
[8] *Caput* e parágrafos com redação da Lei nº 7.982/85.

dependerá de lista tríplice, organizada em ordem alfabética pelo Conselho Superior, em sessão e escrutínios secretos. A lista indicará o número de votos e de vezes de inclusão nela de cada um de seus integrantes.

- *V.* LON, art. 15, § 3º; LO, art. 27, § 3º.

§ 5º Em caso de promoção, por antigüidade ou merecimento, publicado o edital de vacância do cargo a ser preenchido, o membro do Ministério Público, com interstício completo na entrância imediatamente inferior, terá o prazo de dez (10) dias para manifestar sua recusa à promoção. Ressalvada a hipótese do parágrafo seguinte, não o fazendo, será tido como aceitante.

- *V.* LON, art. 15, § 2º; LO, art. 27, § 2º.
- Ver nota seguinte.

§ 6º O membro do Ministério Público poderá manifestar, por escrito, sua recusa permanente à promoção por antigüidade ou merecimento, que produzirá efeitos até declaração em contrário.

- Segundo os artigos mencionados no artigo anterior, a promoção depende da prévia manifestação escrita: portanto, se permanecer silente o interessado, significa que é recusante.

§ 7º Quando a promoção implicar em transferência de residência, o Promotor de Justiça terá direito a quinze (15) dias de trânsito, prorrogáveis por mais quinze (15) dias, a critério do Procurador-Geral, para assumir a nova Promotoria.

- *V.* EMP, arts. 37 e 53, XV.

§ 8º Em caso de promoção, a antigüidade na entrância passa a contar da publicação do ato no Diário Oficial.[9]

- *V.* EMP, art. 32, § 3º.

Art. 27. Para aferição do merecimento, o Conselho Superior levará em consideração:

- *V.* EMP, arts. 26, § 3º, e 34.

I - a conduta do Promotor de Justiça em sua vida pública e particular, o conceito de que goza na comarca segundo as observações feitas em correições, visitas de inspeção ou informações idôneas, e o mais que conste do prontuário;

- *V.* parágrafo único, a seguir.

II - a pontualidade e dedicação no cumprimento das obrigações funcionais, a atenção às instruções da Procuradoria-Geral e do Corregedor-Geral, aquilatadas pelos relatórios das suas atividades e pelas observações feitas nas correições e visitas de inspeção;

- *V.* LO, art. 28, § 1º.

---

[9] Parágrafo acrescentado pela Lei no 9.505/92.

III - a eficiência no desempenho de suas funções, verificada através das referências dos Procuradores de Justiça, dos elogios insertos em julgados dos Tribunais, da publicação de trabalhos forenses e das observações feitas em correições e visitas de inspeção;
- *V.* LO, art. 28, § 1º.

IV - a contribuição à organização e melhoria dos serviços judiciários e correlatos;

V - o aprimoramento de sua cultura jurídica, através de cursos especializados, publicações de livros, teses, estudos e artigos e obtenção de prêmios, relacionados com a sua atividade funcional;

VI - a atuação em comarca que apresente particular dificuldade ao exercício das funções.
- *V.* LON, art. 50, LX; EMP, art. 64, *l.*

Parágrafo único. Para os efeitos deste artigo, o Corregedor-Geral fará presente à sessão do Conselho Superior o prontuário dos Promotores de Justiça que possam ser votados para compor a lista tríplice.
- *V.* CF, art. 93, II, *b*, e art. 129, § 4º.

Art. 28. O membro do Ministério Público poderá ser promovido somente após dois (2) anos de efetivo exercício na entrância.
- *V.* LON, art. 61, IV.

Parágrafo único. Poderá o Conselho Superior dispensar o interstício sempre que não houver Promotor de Justiça que o tenha ou, quando o que tiver não preencher as condições previstas no art. 27, não aceitar as vagas que, a critério da administração, devam ser preenchidas ou esteja respondendo a sindicância, a processo administrativo, ou processo penal por crime doloso.
- *V.* LON, art. 61, IV.

Art. 29. Recebida a indicação do Conselho Superior, caberá ao Governador do Estado efetivar a promoção.
- A promoção é efetuada pelo Procurador-Geral de Justiça.
- *V.* CF, art. 127, § 2º; LON, arts. 3º, VII, e 10, VI.

Art. 30. Ao encaminhar ao Governador do Estado lista de promoção por merecimento, o Procurador-Geral comunicar-lhe-á a ordem de escrutínio, o número de votos obtidos e quantas vezes tenham entrado em listas anteriores os indicados.
- *V.* CF, art. 127, § 2º; LON, arts. 3º, VII, 10, VI, e 61, III.
- A promoção é efetuada pelo Procurador-Geral de Justiça.

Art. 31. A alteração da entrância da comarca não modificará a situação do Promotor de Justiça na carreira.

§ 1º O Promotor de Justiça da comarca cuja entrância for elevada, continuará a exercer ali suas funções, querendo, até que seja promovido à entrância correspondente, quando nela será classificado, se o requerer.

§ 2º Verificada a hipótese do parágrafo anterior, o Promotor de Justiça a quem couber a promoção permanecerá em sua Promotoria, percebendo os vencimentos da entrância para que foi promovido, e deverá ser classificado na primeira vaga que nesta última ocorrer, e para a qual não haja pedido de remoção.

Capítulo VI
DA REMOÇÃO

- *V.* LO, art. 25, VIII.

Art. 32. A remoção é voluntária ou compulsória.

§ 1º Ao provimento inicial e à promoção, precederá a remoção voluntária.

- *V.* LON, art. 15, § 2º.

§ 2º A classificação de membro do Ministério Público substituto far-se-á pelo deferimento de pedido de remoção.

- *V.* LO, art. 27, III, *g*; EMP, art. 78, § 4º.

§ 3º Em caso de remoção, a antigüidade na comarca, para fins de interstício, passa a contar da publicação do ato no Diário Oficial do Estado.[10]

- *V.* EMP, art. 26, § 8º.

Art. 33. A remoção voluntária dependerá de pedido do interessado, dirigido ao Procurador-Geral e efetuada, alternadamente, por antigüidade e por merecimento, somente sendo deferida a quem tenha completado um ano de exercício na mesma Promotoria, ouvido o Conselho Superior.[11]

- *V.* LON, art. 15, § 2º; § 8º deste artigo, a seguir.

§ 1º Os pedidos de remoção serão formulados no prazo improrrogável de dez (10) dias contados da data em que for publicado no Diário Oficial o ato declaratório da vacância ou, em se tratando de criação de novo cargo, da data da publicação no Diário Oficial do ato que determinar a sua instalação.

§ 2º O ato a que se refere o parágrafo anterior conterá, obrigatoriamente, a indicação do critério, antigüidade ou merecimento, a ser observado no preenchimento da vaga.

§ 3º A alternatividade a que se refere este artigo é considerada em relação às remoções efetuadas em cada entrância.

---

[10] Parágrafo acrescentado pela Lei nº 9.505/92.
[11] *Caput* e Parágrafos com redação da Lei no 7.982/85.

§ 4º As classificações e as remoções, inclusive por permuta, nos cargos de Procurador de Justiça junto às Procuradorias de Justiça se dará pelos critérios, alternados, de antigüidade e de merecimento, e serão processados na forma deste artigo.[12]

- V. LON, arts. 15, VI, e 64; LO, art. 27, III, g.

§ 5º Se nenhum Promotor de Justiça da mesma entrância pedir remoção, poderão fazê-lo os titulares de Promotorias de entrâncias superiores, nos cinco (5) dias subseqüentes ao término do prazo da vacância.

§ 6º Com a remoção voluntária para a Promotoria de entrância inferior, o Promotor de Justiça passará a ocupar, na lista de antigüidade, a posição relativa ao seu tempo anterior de exercício na mesma entrância, percebendo os vencimentos a ela correspondentes, mas contará posteriormente o tempo de serviço já prestado na entrância para a qual for novamente promovido.

§ 7º Não havendo pedido de remoção no prazo legal, nem possibilidade de cargo vago ser preenchido por promoção, a Promotoria poderá ser provida por ato do Procurador-Geral, mediante remoção voluntária de qualquer interessado.

§ 8º Nas remoções para Promotorias da mesma comarca, será dispensado o prazo mínimo fixado no *caput*.

Art. 34. O pedido de remoção do membro do Ministério Público mais antigo no cargo, quando a remoção deva ser por antiguidade, somente poderá ser indeferido com fundamento na conveniência do serviço. Na remoção por merecimento, o Conselho Superior indicará, dentre os requerentes, aquele a quem caiba a remoção, aplicados os critério objetivos mencionados no art. 27, podendo opinar pela recusa de todos os pedidos.

- V. LON, art. 15, § 3º; LO, art. 27, § 3º; EMP, art. 27.

Art. 35. A remoção compulsória somente poderá ser decretada mediante representação motivada do Procurador-Geral com fundamento na conveniência do serviço, ouvido o Conselho Superior.

- V. LON, art. 15, VIII; LO, art. 8º, XI, d, art. 25, VIII, e art. 27, IV.
- O Conselho Superior não só é ouvido, como determina a remoção.

§ 1º Enquanto a remoção não se tornar efetiva por falta de vaga em outra comarca, o Promotor de Justiça ficará à disposição do Procurador-Geral.

- V. EMP, art. 44.

§ 2º O membro do Ministério Público não poderá obter remoção para a comarca donde tenha sido removido compulsoriamente, enquanto persistirem os motivos que determinaram seu afastamento, a critério do Procurador-Geral, ouvido o Conselho Superior.

- V. LO, art. 27, IV.

---

[12] Parágrafo com redação da Lei nº 11.282/98.

Art. 36. A remoção por permuta, admissível entre membros do Ministério Público pertencentes ao mesmo grau na carreira, dependerá de parecer favorável do Conselho Superior que apreciará o pedido em função da conveniência do serviço e da posição ocupada pelos interessados no quadro de antigüidade.

* V. LON, arts. 15, VI, e 64; LO, art. 27, V, a.

Art. 37. No caso de remoção de uma para outra comarca, o Promotor de Justiça terá direito a oito (8) dias de trânsito, prorrogáveis, até o dobro.

* V. LON, art. 53, IV; EMP, arts. 26, § 7º, e 53, XV.

Capítulo VII
DA REINTEGRAÇÃO

Art. 38. A reintegração, que decorrerá de decisão administrativa ou judicial passada em julgado, é o retorno do membro do Ministério Público à carreira, com ressarcimento dos vencimentos e vantagens deixados de perceber em razão do afastamento, contando o tempo de serviço.

* V. LON, art. 66: só após decisão judicial haverá reintegração.

§ 1º Achando-se ocupado o cargo no qual for reintegrado, o respectivo ocupante passará à disposição do Procurador-Geral.

§ 2º Extinto o cargo, e não existindo, na entrância, vaga a ser ocupada pelo reintegrado, será ele posto em disponibilidade remunerada, ou aproveitado nos termos desta Lei, facultando-se-lhe a escolha da sede, onde aguardará aproveitamento.

* V. EMP, art. 43.

§ 3º O reintegrado será submetido a inspeção médica e, verificando-se sua incapacidade para o exercício do cargo, será aposentado com as vantagens a que teria direito, se efetivada a reintegração.

Capítulo VIII
DA READMISSÃO

Art. 39. A readmissão é o ato pelo qual o membro do Ministério Público que tiver sido exonerado reingressa na carreira, tendo assegurada a contagem de tempo de serviço anterior apenas para efeito de estabilidade, acréscimos qüinqüenais, adicionais e aposentadoria.

* A readmissão não está contemplada na LON.

Parágrafo único. A readmissão dependerá de inspeção médica favorável, idade não superior a cinqüenta (50) anos à data do pedido e parecer favorável do Conselho Superior.

Art. 40. A readmissão far-se-á no grau da carreira a que pertencia o exonerado.

Art. 41. A readmissão dependerá, em qualquer caso, de vaga a ser preenchida por merecimento.

Parágrafo único. No grau inicial, a readmissão só será concedida se não houver candidato aprovado em concurso, em condições de nomeação.

Capítulo IX
DA REVERSÃO

Art. 42. A reversão é o reingresso, nos quadros da carreira, do membro do Ministério Público aposentado, quando insubsistentes os motivos da aposentadoria.

- *V.* LON, art. 67.

§ 1º A reversão far-se-á, a pedido ou de ofício, em vaga preenchível por merecimento, na entrância a que pertencia o aposentado.

§ 2º A reversão dependerá de parecer favorável do Conselho Superior e não se aplicará a interessado com mais de sessenta (60) anos.

- *V.* LO, art. 27, VIII, *c*.

§ 3º A reversão no grau inicial da carreira somente ocorrerá quando não houver candidato aprovado em concurso, em condições de nomeação.

§ 4º O tempo de afastamento, por motivo de aposentadoria, só será computado para efeito de nova aposentadoria.

§ 5º O membro do Ministério Público que houver revertido, somente poderá ter promoção após o interstício de dois (2) anos de efetivo exercício, contado da data da reversão.

§ 6º Tendo a aposentadoria decorrido exclusivamente do implemento do tempo de serviço, o período de afastamento, desde que não superior a três anos, será computado como efetivo serviço e para todos os efeitos legais.

§ 7º O membro do Ministério Público que tenha obtido sua reversão não poderá ser aposentado novamente sem que tenham decorrido três anos de exercício, salvo se a aposentadoria for por motivo de saúde.

Capítulo X
DO APROVEITAMENTO

Art. 43. Aproveitamento é o retorno ao efetivo exercício do cargo, de membro do Ministério Público em disponibilidade, em exercício de função gratificada, cargo de provimento em comissão ou função eletiva.

- *V.* LON, arts. 39 e 68; LO, art. 27, IX, *a*; art. 45, a seguir.

§ 1º O aproveitamento dar-se-á obrigatoriamente na primeira vaga da entrância a que pertencer o membro do Ministério Público e para a qual não haja pedido de remoção.

§ 2º Enquanto não houver vaga para sua classificação, o membro do Ministério Público que retornar ao efetivo exercício do cargo será posto à disposição do Procurador-Geral.

§ 3º No caso do parágrafo anterior, o membro do Ministério Público terá sede fixada pelo Procurador-Geral.

Art. 44. O membro do Ministério Público à disposição do Procurador-Geral, nos casos de remoção compulsória e de reintegração, será aproveitado na primeira vaga da entrância a que pertence e para a qual não haja pedido de remoção nem ocorram os casos do art. 43.
- *V.* EMP, art. 35 e § 1º.

Art. 45. Extinguindo-se um cargo do Ministério Público, seu titular, se estável, será posto em disponibilidade remunerada, aguardando, em sede que escolher, seu aproveitamento.
- *V.* LON, arts. 39 e 68; LO, art. 27, IX, *a*.

Capítulo XI
DO AFASTAMENTO DO CARGO

Art. 46. O membro do Ministério Público somente poderá afastar-se do cargo para:
- *V.* LON, arts. 52, VIII, e 53, I.

I - exercer cargo eletivo ou a ele concorrer;
- *V.* LO, art. 27, VI, *b*.

II - exercer outro cargo, emprego ou função, de nível equivalente ou maior, a critério do Conselho Superior, na administração direta ou indireta;
- *V.* LO, art. 27, VI, *b*.

III - freqüentar cursos ou seminários de aperfeiçoamento e estudos, no País ou no exterior, com prévia autorização do Procurador-Geral, ouvido o Órgão Especial do Colégio de Procuradores.
- *V.* LON, art. 15, XI (que passou a atribuição ao Conselho Superior), e art. 53, III; LO, art. 27, VI, *a*.

§ 1º Não será permitido o afastamento durante o estágio probatório.
- *V.* LON, art. 15, XI; LO, art. 8º, XI, *f*, e art. 27, VI, *a*; Resolução 1/99 do Conselho Superior do Ministério Público.

§ 2º O membro do Ministério Público afastado do cargo, nos casos do inciso I, primeira parte, e II, perderá a sua classificação, e somente por antigüidade será promovido.[13]
- *V.* LO, art. 38 e parágrafos.

---

[13] Redação da Lei nº 7.744/82.

§ 3° A vaga resultante será provida na forma deste Estatuto.[14]
* V. art. 47 e parágrafo único, a seguir.

Art. 47. A promoção por antigüidade, nos termos do artigo anterior, não prejudicará o provimento, pelo mesmo critério, da vaga ocorrida.
* V. EMP, art. 26.

Parágrafo único. Se aquele que sucede na antigüidade ao membro do Ministério Público afastado do cargo for o próximo a ser promovido por merecimento, a vaga ocorrida poderá ser provida por este critério, observado o disposto no artigo 26, *caput*.[15]

Capítulo XII
DA APOSENTADORIA

* V. CF, art. 93, VI, e art. 129, § 4°; LON, arts. 54, 55 e 67.

Art. 48. Os membros do Ministério Público serão aposentados:
I - compulsoriamente, aos setenta (70) anos de idade;
II - a pedido, na forma da legislação em vigor;
* V. EC 20/98, art. 8°, §§ 2° e 3°.

III - a pedido, ou compulsoriamente, por invalidez comprovada.

§ 1° Ao completar a idade limite para permanência no serviço, o membro do Ministério Público afastar-se-á do exercício, comunicando seu afastamento ao Procurador-Geral, para formalização da aposentadoria.

§ 2° A aposentadoria de que trata o item III será concedida mediante comprovação da incapacidade física ou mental do membro do Ministério Público, e precedida de licença para tratamento de saúde por vinte e quatro (24) meses, salvo se o laudo médico concluir, desde logo pela incapacidade definitiva para o exercício do cargo.

Art. 49. Os proventos da aposentadoria serão integrais quando o membro do Ministério Público:
* V. LON, arts. 54 e 55; EMP, art. 73.

I - contar com o tempo de serviço a que se refere o art. 48, item II;
II - vier a se invalidar por acidente do trabalho, ou por agressão não provocada, em serviço ou em decorrência dele, ou ainda por lepra, tuberculose, neoplasia maligna, mal de Addison, paralisia, psicose, neurose, epilepsia, toxicomania, afecções pulmonares, cardiovasculares, do sistema nervoso central ou periférico, ou ainda com grave deformidade física superveniente a seu ingresso no serviço estadual.

§ 1° Nos demais casos, os proventos de aposentadoria serão proporcionais ao tempo de serviço.

---
[14] Redação da Lei n° 7.744/82.
[15] Parágrafo acrescentado pela Lei no 9.505/92.

§ 2º Os proventos da aposentadoria serão revistos, com base em idêntico critério, sempre que se modificarem os vencimentos e vantagens dos membros do Ministério Público em atividade, mantida a proporcionalidade quando ocorrer a hipótese prevista no parágrafo 1º.

- *V.* CF, art. 40, § 8º; LON, art. 55.

Art. 50. Para efeito de aposentadoria, será computado, integralmente, o tempo de serviço de qualquer natureza, inclusive o militar, prestado à União, ao Estado, a outra unidade da federação ou a Município, e às respectivas organizações autárquicas, empresas públicas e sociedades de economia mista de que sejam controladores, bem como em empresas, instituições, estabelecimentos e outras organizações ou serviços que hajam total ou parcialmente passado ou venham a passar à responsabilidade do Estado.

§ 1º O tempo de serviço prestado em atividade privada será computado para efeito de aposentadoria na forma da Lei nº 7.057, de 30 de dezembro de 1976.

§ 2º Computar-se-á, também, o tempo de exercício efetivo da advocacia anterior à nomeação, até o máximo de dez anos, desde que não coincidente com qualquer outro tempo de serviço computável para os efeitos deste artigo.

- *V.* LON, art. 50, § 2º (até o máximo de 15 anos).

§ 3º Computar-se-á em dobro o tempo de licença-prêmio não gozada.

- *V.* EMP, arts. 53, II, 88, V, e 103.

Capítulo XIII
DA EXONERAÇÃO

Art. 51. A exoneração de membro do Ministério Público dar-se-á:
I - a pedido;
II - por não satisfazer os requisitos do estágio probatório.

- *V.* EMP, arts. 24, § 3º, e 25, § 4º.

§ 1º Ao membro do Ministério Público sujeito a processo administrativo ou judicial somente se concederá exoneração depois de julgado o processo e cumprida a pena disciplinar imposta.

§ 2º Não sendo decidido o processo administrativo nos prazos da lei, a exoneração será automática.

Capítulo XIV
DO TEMPO DE SERVIÇO

Art. 52. A apuração do tempo de serviço, na entrância como na carreira para promoção, remoção, aposentadoria e gratificações, será feita em dias convertidos em anos, considerados estes como de trezentos e sessenta e cinco (365) dias.

Parágrafo único. Anualmente, até trinta e um (31) de janeiro, o Procurador-Geral fará publicar a lista dos membros do Ministério Público com a respectiva antigüidade na entrância e na carreira concedido aos interessados o prazo de trinta (30) dias para reclamação.

- *V.* LON, art. 15, IX; LO, art. 27, V, *b*, e art. 27, IV, *i* (nessa ordem).

Art. 53. Serão considerados de efetivo exercício, para efeito do artigo anterior, os dias em que o membro do Ministério Público estiver afastado do serviço em virtude de:

- *V.* LON, arts. 52 e 53: também as licenças paternidade e maternidade são consideradas de efetivo serviço.

I - férias;
- *V.* LON, art. 53, II; EMP, arts. 88 a 95.

II - licença-prêmio;
- *V.* LC 75/93, art. 222, § 3º; LON, arts. 52, V, e 53, I; CE, art. 33, § 4º; EMP, arts. 50, § 3º, 88, V, e 103.

III - casamento, até 8 dias;
- *V.* LON, arts. 52, VI, e 53, I.

IV - luto, até 8 dias, por falecimento de cônjuge, ascendentes, descendentes, sogros ou irmãos;
- *V.* LON, arts. 52, VII, e 53, I: o falecimento de noras e genros também dá ensejo a esse afastamento.

V - exercício de função gratificada ou cargo em comissão;
- *V.* LON, art. 53, VI e VIII; EMP, arts. 65 a 69.

VI - desempenho de função eletiva;
- *V.* inciso XIII, a seguir.

VII - licença para tratamento de saúde;
- *V.* LON, arts. 52, I, e 53, I; EMP, art. 88, II.

VIII - licença por motivo de doença em pessoa da família;
- *V.* LON, arts. 52, II, e 53, I; EMP, arts. 88, III, e 97 a 99.

IX - convocação para serviço militar, ou outros serviços por lei obrigatórios;

X - afastamento para aperfeiçoamento;
- *V.* LON, arts. 15, XI, e 53, III; LO, art. 27, VI, *a*.

XI - prestação de concurso ou prova de habilitação para concorrer a cargo público ou de magistério superior ou secundário;

XII - sessão de órgão público colegiado;
- *V.* EMP, art. 67.

XIII - licença para concorrer a função pública eletiva;
- *V.* inciso VI deste artigo.

XIV - disponibilidade remunerada;
* V. LON, art. 39, § 2º, e art. 53, V.

XV - trânsito.
* V. LON, art. 53, IV; EMP, arts. 26, § 7º, e 37.

Art. 54. É vedada a acumulação de tempo concorrente ou simultaneamente prestado ao serviço público.

Título III
DOS DEVERES, DIREITOS E VANTAGENS

Capítulo I
DOS DEVERES

Art. 55. O membro do Ministério Público deverá manter conduta irrepreensível nos atos de sua vida pública e privada, velando por sua respeitabilidade pessoal, pela dignidade de seu cargo e pelo prestígio da instituição, incumbindo-lhe, especialmente:
* V. LC 75/93, art. 236; LON, art. 43 e seu inciso I.

I - velar pelo prestígio da Justiça, pelo respeito aos Magistrados, Advogados e membros da Instituição;
* V. LON, art. 43, II.

II - obedecer, rigorosamente, nos atos que oficiar, a formalidade exigida dos Juízes na sentença, sendo obrigatório em cada ato fazer relatório, dar os fundamentos, em que analisará as questões de fato e de direito, e lançar o seu parecer ou requerimento;
* V. CF, arts. 93, IX, e 129, VIII; LON, art. 43, III (que dispõe de maneira diferente).

III - obedecer, rigorosamente, aos prazos processuais;
* V. LON, art. 43, IV (que é menos rigoroso). Mas atentar para a expressão "além de outros" do *caput* do art. 43.

IV - comparecer, diariamente, ao foro, durante o expediente, oficiando em todos os atos em que sua presença for obrigatória;
* V. LON, art. 43, V; LO, art. 29, § 1º.

V - desempenhar, com zelo e presteza, as suas funções;
* V. LON, art. 43, VI.

VI - declarar-se suspeito ou impedido, nos termos da lei, comunicando ao Conselho Superior os motivos de natureza íntima de suspeição invocados;
* V. LON, art. 43, VII; LO, art. 27, VIII, *a*; CPC, art. 138, I; CPP, arts. 112 e 158.

VII - adotar as providências cabíveis em face das irregularidades de que tenha conhecimento ou que ocorram nos serviços a seu cargo;
* V. LON, arts. 27, parágrafo único, inc. I, e 43, VIII.

VIII- tratar com urbanidade as partes, testemunhas, autoridades administrativas e policiais, funcionários e auxiliares da Justiça;
* V. LON, art. 43, IX.

IX - residir na sede do Juízo ao qual servir, salvo autorização do Procurador-Geral, ouvido o Conselho Superior;
* V. CF, art. 129, § 2º; LON, art. 43, X; CE, art. 108, § 4º, II.

X - atender com presteza à solicitação de membros do Ministério Público, para acompanhar atos judiciais ou diligências policiais que devam realizar-se onde exerça suas atribuições;
* V. LON, art. 43, XI.

XI - prestar informações requisitadas pelos órgãos da Instituição;
* V. LON, art. 43, XI.

XII - participar do Conselho Penitenciário, quando designado, sem prejuízo das demais funções de seu cargo;
* V. LON, art. 10, IX, c; LO, art. 25, LVII, e art. 27, III, h.

XIII- comparecer às reuniões dos órgãos colegiados da Instituição aos quais pertencer;

XIV - velar pela regularidade e celeridade dos processos em que intervenha;
* V. LON, arts. 27, parágrafo único, inc. II, e 43, IV.

XV - respeitar a dignidade da pessoa humana do acusado;
* V. LON, arts. 41, IX, e 43, IX.

XVI - guardar sigilo profissional;
* V. LON, art. 26, § 2º.

XVII- prestar assistência judiciária aos necessitados, onde não houver órgãos próprios.
* V. LON, art. 43, XIII; Lei Complementar nº 9.230/91 (que trata da Defensoria Pública).

Capítulo II
DO DIREITO DE PETIÇÃO

Art. 56. É assegurado ao membro do Ministério Público o direito de requerer, representar, reclamar e recorrer dirigindo-se diretamente à autoridade competente, ou, por intermédio do Procurador-Geral, quando se tratar do Governador do Estado.
* V. LON, art. 26, § 1º.

Capítulo III
DAS GARANTIAS E PRERROGATIVAS

Art. 57. Os membros do Ministério Público sujeitam-se a regime jurídico especial e gozam de independência no exercício de suas funções.
* V. LO, art. 34.

Art. 58. Nos crimes comuns e nos de responsabilidade, salvo as exceções de ordem constitucional, os membros do Ministério Público serão processados e julgados, originariamente, pelo Tribunal de Justiça.

- *V.* CF, art. 96, III; LON, art. 40, IV; CE, arts. 53, VII, e 95, XI.
- Súmula 394 do STF: "Cometido o crime durante o exercício funcional, prevalece a competência especial por prerrogativa de função, ainda que o inquérito ou a ação penal sejam iniciados após a cessação daquele exercício." Esta Súmula foi *cancelada* pelo STF em 25/08/99.
Súmula 451 do STF: "A competência especial por prerrogativa de função não se estende ao crime cometido após a cessação definitiva do exercício funcional."

Art. 59. Além das garantias asseguradas pela Constituição, os membros do Ministério Público gozam das seguintes prerrogativas:

- *V.* LON, arts. 40 e 41; LO, art. 34.

I - receber o tratamento dispensado aos membros do Poder Judiciário perante os quais oficiem;

- *V.* LC 75/93, art. 19; LON, art. 41, I.

II - usar as vestes talares e as insígnias privativas do Ministério Público;

- *V.* LON, art. 41, X.

III - tomar assento imediatamente à direita dos Juízes de primeiro grau ou do Presidente dos órgãos judiciários de segundo grau;

- *V.* LON, art. 41, XI; LO, art. 34, VI.

IV - ter vista dos autos após distribuição aos órgãos judiciários de segundo grau e intervir nas sessões de julgamento para sustentação oral ou esclarecer matéria de fato;

- *V.* LON, art. 41, III; LO, arts. 29, III, e 34, III e IV.

V - receber intimação pessoal em qualquer processo e grau de jurisdição;

- *V.* LON, art. 41, IV; LO, art. 29, IV.

VI - ser ouvido, como testemunha, em qualquer processo ou inquérito, em dia, hora e local previamente ajustados com o Juiz ou com a autoridade competente;

- *V.* CF, art. 58, § 2º, V; LON, art. 40, I e II; CPC, art. 411.

VII - não ser recolhido preso antes de sentença transitada em julgado, senão em domicílio, quartel ou prisão especial;

- *V.* LON, art. 40, V.

VIII - não ser preso, senão por ordem judicial escrita, salvo em flagrante de crime inafiançável, caso em que a autoridade fará imediata comunicação e apresentação do membro do Ministério Público ao Procurador-Geral de Justiça.

- *V.* CF, art. 5º, LXI e LXII; LON, arts. 40, III, e 41, parágrafo único; CPP, art. 302.

§ 1º As vestes talares terão seu modelo fixado no Regimento Interno da Procuradoria-Geral de Justiça.

- *V.* LON, art. 41, X.

§ 2º Quando, no curso de investigação, houver indício de prática de infração penal por parte de membro do Ministério Público, a autoridade policial estadual remeterá imediatamente os respectivos autos ao Procurador-Geral de Justiça, a fim de que este prossiga na investigação.
- *V.* LON, art. 41, parágrafo único, e art. 41, inc. II; LO, art. 25, XVII.

Art. 60. Ao membro do Ministério Público, no exercício ou em razão das funções de seu cargo, são assegurados:

I - o uso de Carteira de Identidade Funcional, expedida pelo Procurador-Geral, valendo em todo o território nacional como cédula de identidade e porte de arma (Lei Complementar Federal nº 40, de 14 de dezembro de 1981, art. 21);
- *V.* LO, art. 25, LVI; Ressalva da Lei nº 9.437/97, art. 6º (Lei do Porte de Arma).
- A menção à LON, agora, deve ser relativa ao seu art. 42.

II - a prestação de auxílio ou colaboração por parte das autoridades administrativas, policiais e seus agentes, sempre que lhes for solicitado;
- *V.* LON, art. 26, I, *a*.

III - dispor, nas comarcas onde servir, de instalações próprias e condignas, no edifício do foro;
- Em várias Comarcas, já há as Casas do Ministério Público.

IV - estacionar veículo automotor em áreas destinadas ao uso de Órgãos do Poder Executivo, desde que ostente cartão de identificação expedido pelo Procurador-Geral.
- Não tem sido utilizado, até porque não há mais vínculo com o Poder Executivo.

§ 1º Ao membro do Ministério Público aposentado é assegurada, em razão das funções que exerceu, a Carteira de Identidade Funcional, nas condições estabelecidas no inciso I.
- *V.* LON, art. 42.

§ 2º A Carteira de Identidade Funcional do aposentado por invalidez, decorrente de incapacidade mental, não valerá como licença para porte de arma e a doença mental, posteriormente constatada, autorizará o cancelamento da licença.
- *V.* LON, art. 42.

Capítulo IV
DOS VENCIMENTOS

- Neste capítulo, onde se lê vencimentos, leia-se "subsídios": *V.* EC 19/98.

Art. 61. Os membros do Ministério Público perceberão vencimentos irredutíveis, calculados em função da remuneração do Procurador-Geral de Justiça.
- *V.* LON, art. 49.

Art. 62. Os vencimentos do Procurador-Geral de Justiça e dos demais membros do Ministério Público serão constituídos de uma parte básica, acrescida de representação mensal, valor que, somado às vantagens decorrentes do tempo de serviço, não poderá exceder, a qualquer título, ao percebido, em espécie, pelos membros do Poder Judiciário, com classificação correspondente.[16]
- *V. LON, art. 47.*

§ 1º A fixação da parte básica dos vencimentos a que se refere o artigo, dependerá de autorização legislativa, nos termos do artigo 109, III, da Constituição Estadual.

§ 2º Os reajustes dos vencimentos dos membros do Ministério Público ocorrerão nas mesmas datas e nos mesmos índices dos reajustes dos membros do Poder Judiciário.

§ 3º A verba de representação, salvo quando concedida em razão do exercício de cargo ou função temporária, integrará os vencimentos para todos os efeitos legais.
- *V. LON, art. 50, § 3º.*

Art. 63. Os vencimentos, salvo exceção prevista em lei, são devidos pelo efetivo exercício do cargo.
- *V. LON, art. 53.*

Capítulo V
DAS VANTAGENS PECUNIÁRIAS

Art. 64. É assegurada aos membros do Ministério Público a percepção das seguintes vantagens pecuniárias:
- *V. CF, art. 7º, XVII; LON, arts. 50, VI, e 70.*
- Os artigos citados conferem ao membro do Ministério Público, ainda, o chamado terço de férias e a gratificação eleitoral.

I - gratificações especiais:
- *V. LON, arts. 50, VI, e 70.*

a) de direção;
- *V. LON, art. 50, XI; EMP, arts. 65 e 66, a seguir.*

b) por participação em órgão de deliberação coletiva;
- *V. LON, ar. 50, XI e XII; EMP, art. 67.*

c) pelo exercício da função de Chefe de Gabinete;[17]
- *V. LON, art. 50, XI; EMP, art. 68.*

---

[16] *Caput* e parágrafos 1º e 2º com redação da Lei nº 9.082/90.
[17] Redação alterada pela Lei nº 11.091/98.

d) pelo exercício da função de Procurador-Assessor e de Promotor-Assessor;[18]
- *V.* LON, art. 50, XI; EMP, art. 68.

e) pelo exercício da função de Promotor-Corregedor;
- *V.* LON, art. 50, XI; EMP, art. 68.

f) pelo exercício da função de Coordenador de Promotorias de Justiça;[19]
- *V.* LON, art. 50, XI; EMP, art. 68.

g) pelo exercício de encargo em Comissão Especial;
- *V.* LON, art. 50, XI; EMP, art. 69.

h) adicional por qüinqüênio de serviço estadual;
- *V.* LON, art. 50, VIII, e § 2º; EMP, art. 70.

i) adicional aos quinze e aos vinte e cinco anos de serviço;
- *V.* LON, art. 50, VIII, e § 2º; EMP, arts. 71 a 73.

j) de acumulação ou de substituição;
- *V.* LON, art. 50, X; EMP, arts. 75 e 76.

l) de exercício em Promotoria de difícil provimento;
- *V.* LON, art. 50, IX; EMP, art. 77.
- A cada ano, o Conselho Superior decide quais Promotorias serão consideradas de difícil provimento.

m) pelo exercício da função de Coordenador do Centro de Apoio Operacional;[20]
- *V.* LON, art. 50, XI; EMP, art. 68.

n) pelo exercício de designação em Coordenadoria de Promotorias de Justiça.[21]
- *V.* LON, art. 50, XI; EMP, art. 68.

II - ajuda de custo;
- *V.* LON, art. 50, I; EMP, art. 78 e parágrafos.

III - diárias;
- *V.* LON, art. 50, IV; EMP, art. 79 e parágrafos.

IV - auxílio-funeral.
- *V.* LON, art. 50, XII; EMP, art. 80.

Seção I
DAS GRATIFICAÇÕES

Art. 65. Na Procuradoria-Geral de Justiça, terão direito à gratificação de direção o Procurador-Geral de Justiça, o Corregedor-Geral do Ministério Público, o Subprocurador-Geral de Justiça para Assuntos Jurídicos, o Sub-

---

[18] Redação alterada pela Lei nº 11.091/98.
[19] Idem.
[20] Alínea acrescentada pela Lei nº 11.091/98.
[21] Idem.

procurador-Geral de Justiça para Assuntos Administrativos, o Procurador de Fundações e o Procurador-Supervisor de Coordenadoria de Promotorias de Justiça.[22]

• *V.* LO, arts. 19 (e notas) e 20.

Art. 66. Será de vinte e cinco por cento (25%) do vencimento do respectivo cargo o valor da gratificação de direção do Procurador-Geral de Justiça, e de dezoito por cento (18%) do vencimento do cargo de Procurador de Justiça a do Corregedor-Geral do Ministério Público, a do Subprocurador-Geral de Justiça para Assuntos Jurídicos, a do Subprocurador-Geral de Justiça para Assuntos Administrativos, a do Procurador de Fundações e a do Procurador-Supervisor de Coordenadorias de Promotorias de Justiça.[23]

• *V.* LO, art. 19 e notas.

Art. 67. Aos membros do Órgão Especial do Colégio de Procuradores e do Conselho Superior do Ministério Público será atribuída, por sessão a que comparecerem, uma gratificação de um trinta avos (1/30) de seus vencimentos, até o limite máximo de cinco sessões mensais.

• *V.* LO, arts. 9º, § 2º, e 11, § 4º.

Art. 68. Aos membros do Ministério Público no exercício das funções de Subcorregedor-Geral do Ministério Público,[24] Procurador-Assessor, Promotor-Assessor, de Chefe de Gabinete, do Promotor-Corregedor, de Coordenador de Promotorias de Justiça, de Coordenador de Centro de Apoio Operacional e Promotores de Justiça designados em Coordenadorias de Promotorias de Justiça será atribuída gratificação correspondente a 10% (dez por cento), incidentes sobre o vencimento do seu cargo.[25]

Art. 69. Por participação em Comissão Especial será atribuída uma gratificação correspondente a dois terços da parte básica dos vencimentos do cargo de Procurador de Justiça.

• *V.* EMP, art. 64, I, *g*.

Art. 70. Os membros do Ministério Público perceberão, por qüinqüênio de serviço público estadual, computado na forma prevista para concessão de gratificações adicionais de quinze por cento e de vinte e cinco por cento (Lei nº 1.751, de 22.02.1952, art. 110, parágrafos 2º, 3º e 4º, e art. 165), uma gratificação adicional de cinco por cento, até o máximo de sete qüinqüênios, a qual incidirá sobre os vencimentos do cargo exercido.

• *V.* EMP, art. 64, I, *h*.

---

[22] Redação alterada pela Lei nº 11.091/98.
[23] Idem.
[24] Função de Subcorregedor-Geral do Ministério Público acrescentada pela Lei nº 11.348/99.
[25] Redação da Lei nº 11.091/98.

Art. 71. A gratificação adicional de quinze ou de vinte e cinco por cento a que fazem jus os membros do Ministério Público será concedida nos termos do Estatuto do Funcionário Público Civil do Estado e calculada sobre os vencimentos definidos no art. 62 e seu parágrafo único, acompanhando-lhe as oscilações.[26]

- *V.* EMP, art. 64, I, *i.*

Art. 72. A gratificação adicional de vinte e cinco por cento será concedida pelo acréscimo de dez por cento aos quinze por cento já percebidos.

- *V.* EMP, art. 64, I, *i.*

Art. 73. Fica assegurada aos membros do Ministério Público, inclusive inativos, a percepção cumulativa das gratificações adicionais de quinze por cento e vinte e cinco por cento, desde que tenham estes adquirido o respectivo direito na forma da legislação anterior.

- *V.* EMP, arts. 49 e 64, I, *i.*

Art. 74. No caso de substituição do Procurador-Geral de Justiça por Procurador de Justiça, o substituto perceberá a diferença entre os vencimentos de seu cargo e os do substituído.

- *V.* LO, art. 5º, § 2º.

Art. 75. O membro do Ministério Público, quando exercer a acumulação plena de suas funções com as de outro cargo de carreira, perceberá, a título de gratificação, um terço (1/3) de seus vencimentos; se, ao invés de acumular, apenas substituir titular de cargo, e este for mais graduado, a gratificação consistirá na diferença entre seus vencimentos e os do substituído.[27]

- *V.* EMP, art. 64, I, *j.*

§ 1º A gratificação de que trata este artigo será paga independentemente da circunstância de a Promotoria de Justiça atendida ter sido ou não criada ou oficialmente instalada, desde que em funcionamento Vara perante a qual deva atuar.[28]

§ 2º O membro do Ministério Público substituto somente fará jus à gratificação de substituição na hipótese de ser designado, por ato do Procurador-Geral, para atender, concomitantemente, mais de uma Procuradoria ou Promotoria de Justiça.[29]

§ 3º Em nenhum caso serão devidas mais de duas gratificações de acumulação ou mais de uma de substituição.[30]

---

[26] Redação da Lei nº 8.794/89.
[27] Redação da Lei nº 7.744/82.
[28] Redação da Lei nº 8.903/89.
[29] Idem.
[30] Redação da Lei nº 7.744/82.

Art. 76. O pedido de pagamento da gratificação de substituição será instruído com certidão judicial e relatório dos trabalhos realizados na Promotoria substituída.

* O pagamento tem sido automático, remetido o relatório até o dia 10 do mês seguinte, sem necessidade da certidão judicial.

Art. 77. Anualmente, até o mês de julho, o Conselho Superior fixará para o ano seguinte, a relação das Promotorias de difícil provimento, estabelecendo o montante da gratificação até o máximo de vinte por cento dos vencimentos do cargo de Promotor de Justiça da respectiva entrância.

* V. EMP, art. 64, I, l.

Parágrafo único. Na fixação das Promotorias de difícil provimento serão levados em consideração, além de outros fatores, a existência, na comarca, de residência oficial ou institucional para o Promotor de Justiça e seus dependentes.

Seção II
DA AJUDA DE CUSTO

Art. 78. Ao membro do Ministério Público, quando nomeado, promovido, ou removido compulsoriamente, será paga uma ajuda de custo correspondente a um mês de vencimentos do cargo que deva assumir.

* V. LON, arts. 50, I, e 64, III; EMP, art. 64, II; § 4º deste artigo.

§ 1º Deverá ser apresentada, ao Subprocurador-Geral de Justiça para Assuntos Administrativos, a comprovação da transferência de comarca no prazo de 60 (sessenta) dias contados do recebimento da ajuda de custo, sob pena de ser tornado sem efeito seu pagamento, mediante estorno.[31]

§ 2º Na hipótese de não haver mudança de residência da sede da promotoria de Justiça, não será paga a ajuda de custo.[32]

* V. LON, art. 64, III.

§ 3º A ajuda de custo será paga independentemente de o membro do Ministério Público haver assumido o novo cargo e restituída, devidamente corrigida, caso a assunção não se efetive.[33]

§ 4º O disposto no *caput* deste artigo aplica-se, também, à classificação que importe em mudança da comarca onde era exercida a designação.[34]

* V. EMP, art. 32, § 2º.

§ 5º A ajuda de custo poderá ser aumentada até o dobro, tendo em conta os encargos de família do membro do Ministério Público, as condições da

---

[31] Redação da Lei nº 11.298/98.
[32] Idem.
[33] Idem.
[34] Idem.

nova sede, a distância a ser percorrida e o tempo de viagem, mediante aprovação do Conselho Superior do Ministério Público.[35]

- V. LON, art. 50, I; LO, art. 27, IX, b.

Seção III
DAS DIÁRIAS

Art. 79. O membro do Ministério Público que se deslocar temporariamente de sua sede em objeto de serviço terá direito a diárias, antecipadamente pagas pelo órgão competente, mediante requisição.

- V. LON, art. 50, IV; LO, art. 25, XIII; EMP, art. 64, III.

§ 1º A diária será igual a 1/40 (um quarenta avos) dos vencimentos.[36]

- V. EMP, art. 64, III.

§ 2º Quando se tratar de deslocamento para fora do Estado, o valor da diária corresponderá ao quádruplo do previsto no parágrafo anterior.

- V. LO, art. 25, XIII.
- A redação do parágrafo é idêntica à do art. 77, § 2º, do Estatuto da Magistratura.

§ 3º Salvo determinação em contrário do Procurador-Geral, as diárias serão limitadas ao máximo de oito por mês, exceto no caso de atendimento de sessões do Tribunal do Júri.

§ 4º Ao fim de cada trimestre, o membro do Ministério Público informará à Procuradoria-Geral, discriminadamente, as diárias recebidas e os motivos do afastamento da sede.

- Atualmente, a prestação de contas é realizada imediatamente ao retorno.

Seção IV
DO AUXÍLIO FUNERAL

Art. 80. Ao cônjuge sobrevivente e, em sua falta, aos herdeiros do membro do Ministério Público ainda que aposentado ou em disponibilidade, será paga importância equivalente a um mês dos vencimentos ou proventos que percebia para atender às despesas de funeral e luto.

- V. LON, art. 57.

§ 1º Na falta das pessoas enumeradas, quem houver custeado o funeral do membro do Ministério Público será indenizado da despesa feita até o montante a que se refere este artigo.

---

[35] Redação da Lei nº 11.298/98.
[36] Redação da Lei nº 8.903/89.

§ 2º A despesa correrá pela dotação própria do cargo e o pagamento será efetuado pela repartição pagadora, mediante a apresentação da certidão de óbito e, no caso do parágrafo anterior, dos comprovantes de despesa.

Seção V
DA PENSÃO

Art. 81. Aos dependentes do membro do Ministério Público que falecer após haver contribuído para o Instituto de Previdência do Estado, é assegurada uma pensão, constituída de uma parcela familiar igual a sessenta e cinco por cento do valor da remuneração ou do provento e mais tantas parcelas iguais a cinco por cento daquele valor, quantos forem os dependentes, até o máximo de sete.

- V. CF, art. 40, § 7º; LON, art. 56: a pensão é integral.

§ 1º A pensão de que trata este artigo será revisada, com base em igual critério, sempre que forem majorados os vencimentos dos membros do Ministério Público.

- V. art. 85 a seguir.

§ 2º São equiparados aos dependentes, para os fins de pensão, o enteado e o menor que, por determinação judicial, se ache sob a guarda do segurado, desde que não concorram com filhos que tenham direito à pensão.

Art. 82. A importância total obtida na forma do artigo anterior será rateada em quotas iguais entre os dependentes com direito à pensão existentes ao tempo da morte do membro do Ministério Público, adaptando-se aos critérios estabelecidos na presente Lei as pensões já concedidas.

Art. 83. A quota da pensão adicional de que tratam os arts. 81 e 82 se extingue:

I - pelo falecimento do pensionista;

II - para o pensionista inválido, pela cassação da invalidez;

III - para o filho varão, ao completar a maioridade, salvo os casos de invalidez permanente;[37]

IV - para a filha mulher, ao completar a maioridade, salvo os casos de invalidez permanente.[38]

§ 1º Fica assegurado o direito à percepção da vantagem de que trata este artigo à filha desquitada, desde que a pensão alimentícia, se houver, não exceda ao triplo do valor do salário mínimo vigente na região.

§ 2º É permitida a percepção cumulativa da pensão com vencimentos, remuneração ou salário, proventos de aposentadoria ou disponibilidade.

---
[37] Redação da Lei nº 8.894/89.
[38] Idem.

Art. 84. Toda vez que se extinguir uma quota de pensão, proceder-se-á a novo cálculo e a novo rateio do benefício na forma do disposto nos arts. 81 e 82 considerados, porém, apenas os pensionistas remanescentes.

Art. 85. A pensão será revisada sempre que forem aumentados os vencimentos dos membros do Ministério Público, e na mesma proporção.
- *V.* LON, art. 56.

Art. 86. O Estado completará a diferença, se a pensão do Instituto de Previdência do Estado não atingir o montante previsto nesta Lei.

Art. 87. À família do membro do Ministério Público falecido em conseqüência de acidente do trabalho ou de agressão não provocada, no exercício ou em decorrência de suas funções, o Estado assegurará uma pensão sempre equivalente aos vencimentos correspondentes ao cargo que o mesmo ocupava.

Capítulo VI
DAS VANTAGENS NÃO PECUNIÁRIAS

Art. 88. Constituem vantagens não pecuniárias:
- Aqui deve ser incluída a licença paternidade, conforme CF, arts. 7º, XIX, e 39, § 2º; e LON, art. 52, IV.

I - férias;
- *V.* CF, art. 7º, XVIII; LON, art. 53, II; EMP, art. 53, I.

II - licença para tratamento de saúde;
- *V.* LON, arts. 52, I, e 53, I; EMP, art. 53, VII.

III - licença por motivo de doença em pessoa da família;
- *V.* LON, arts. 52, II, e 53, I; EMP, art. 53, VIII.

IV - licença para tratar de interesses particulares;
- *V.* LON, arts. 52, VIII e 53, IX; EMP, arts. 100 a 102.

V - licença-prêmio;
- *V.* LON, art. 52, V; CE, art. 33, § 4º; EMP, arts. 50, § 3º, 53, II, e 103.

VI - licença para aperfeiçoamento jurídico;
- *V.* LON, art. 15, XI; LO, art. 27, VI, *a*; EMP, arts. 53, X, e 104.

VII - transporte;
- *V.* LO, art. 25, IV; EMP, arts. 105 a 107.

VIII- licença à gestante.
- *V.* CF, art. 7º, XVIII; LON, arts. 52, III, e 53, I; CE, art. 29, X; EMP, art. 108.

§ 1º O membro do Ministério Público licenciado não pode exercer qualquer de suas funções, nem exercitar qualquer função pública ou particular, salvo, quanto à última, se a licença tiver assento no inciso IV deste artigo.

* *V.* LON, art. 52, parágrafo único.

§ 2º Salvo contra-indicação médica, o membro do Ministério Público licenciado poderá oficiar nos autos que tiver recebido, com vista, antes da licença.

* *V.* LON, art. 52, parágrafo único.

Seção I
DAS FÉRIAS

Art. 89. Os membros do Ministério Público gozarão anualmente de sessenta (60) dias de férias individuais, de acordo com escala aprovada pelo Conselho Superior.

* *V.* LON, art. 53, II; LO, art. 25, XXIII e L, e art. 27, V, *d*; EMP, art. 53, I.

§ 1º As férias do Procurador-Geral serão autorizadas pelo Governador do Estado.

* Revogado este parágrafo em face da autonomia do Ministério Público: as férias são dadas pelo Subprocurador-Geral para Assuntos Jurídicos.

§ 2º O início das férias coincidirá com o primeiro dia útil do mês constante da escala salvo determinação em contrário.

Art. 90. Na organização da escala de férias, o Conselho Superior conciliará as exigências do serviço com as necessidades dos membros do Ministério Público, consideradas as sugestões que lhe forem remetidas até trinta e um de outubro de cada ano.

§ 1º Não terá férias escaladas para os meses de janeiro, fevereiro, julho e dezembro o Promotor de Justiça que, no prazo legal, não tiver remetido o relatório anual ou os relatórios dos períodos de substituição que tiver exercido.

§ 2º As férias dos Procuradores de Justiça coincidirão, sempre que possível, com as férias coletivas dos órgãos judiciários perante os quais oficiarem.

Art. 91. O Procurador-Geral poderá, por necessidade do serviço, interromper as férias de membro do Ministério Público.

* *V.* LON, art. 10, V e XIV; LO, art. 25, L e LII.

Parágrafo único. As férias interrompidas poderão ser gozadas em outra oportunidade ou adicionadas às do exercício seguinte vedada a acumulação por mais de um período.

Art. 92. Somente após o primeiro ano de exercício, adquirirão os membros do Ministério Público direito a férias.

Art. 93. Ao entrar em gozo de férias e ao reassumir o exercício de seu cargo, o membro do Ministério Público comunicará ao Procurador-Geral.

Parágrafo único. Da comunicação do início de férias deverá constar, obrigatoriamente, o endereço onde poderá ser encontrado.

Art. 94. Ao entrar em férias, o membro do Ministério Público comunicará a seu substituto e ao Corregedor-Geral a pauta das audiências, os prazos abertos para recurso e razões, bem como lhes remeterá relação discriminada dos inquéritos e processos com vista.

Art. 95. Os vencimentos correspondentes às férias serão pagos antecipadamente.

Seção II
DA LICENÇA PARA TRATAMENTO DE SAÚDE

Art. 96. A licença para tratamento de saúde será concedida ao Procurador-Geral pelo Governador do Estado, e aos demais membros do Ministério Público por aquele, à vista de laudo de inspeção expedido pelo Departamento de Perícia Médica, na Capital, e pelos Postos de Saúde, no interior do Estado.

- Ver nota ao art. 89, § 1º.
  A Lei nº 10.559/95 criou o Serviço Biomédico da Procuradoria-Geral de Justiça.

Parágrafo único. Aplicam-se, no que couber, as normas do Estatuto do Funcionário Público Civil do Estado.

Seção III
DA LICENÇA POR DOENÇA EM PESSOA DA FAMÍLIA

Art. 97. O membro do Ministério Público poderá obter licença por motivo de doença em ascendente, descendente, cônjuge ou irmão, mesmo que não viva às suas expensas, desde que indispensável sua assistência pessoal e permanente ao enfermo.

- V. LON, art. 52, II.

Art. 98. O Procurador-Geral fará expedir a competente portaria, a vista do laudo de inspeção de saúde e das informações prestadas pelo membro do Ministério Público.

Art. 99. A licença de que trata esta Seção será concedida com remuneração integral, até três meses; excedendo este prazo, com desconto de um terço até seis meses; depois de seis meses até doze meses, com desconto de dois terços, e, sem remuneração, do décimo terceiro mês em diante.

- V. LON, arts. 52, II, e 53, I.

Seção IV
DA LICENÇA PARA TRATAR DE INTERESSES PARTICULARES

Art. 100. Após dois (2) anos de efetivo exercício o membro do Ministério Público poderá obter licença, sem vencimentos, para tratar de interesses particulares.

- *V.* LON, arts. 52, VIII, e 53, IX; EMP, art. 88, IV.

§ 1º A licença não poderá ultrapassar vinte e quatro (24) meses, nem ser repetida antes de dois (2) anos de sua terminação.

§ 2º A licença será negada quando inconveniente ao interesse do serviço.

- *V.* LO, art. 25, XXII.

§ 3º O requerente, salvo motivo de imperiosa necessidade, a juízo do Procurador-Geral, deverá aguardar em exercício a concessão da licença.

Art. 101. Sempre que a licença for por prazo superior a seis (6) meses, o membro do Ministério Público será declarado em disponibilidade não remunerada, provendo-se na forma deste Estatuto a vaga que ocorrer.

Art. 102. A qualquer tempo, o membro do Ministério Público poderá desistir da licença.

Seção V
DA LICENÇA-PRÊMIO[39]

Art. 103. Ao membro do Ministério Público que, durante dez anos ininterruptos, não houver se afastado do exercício de suas funções, é assegurado o direito de gozar licença-prêmio de seis meses por decênio, com todas as vantagens do cargo como se nele estivesse em exercício.

- *V.* LON, arts. 52, V, e 53, I; CE, art. 33, § 4º; EMP, arts. 50, § 3º, 53, II, e 88, V.

§ 1º Para os efeitos da vantagem prevista neste artigo não se considerará interrupção de serviço o afastamento nos casos do art. 53 ou por motivo de licença para tratamento de saúde, até doze meses, ou por motivo de doença em pessoa da família, até seis meses.

§ 2º O tempo de licença-prêmio não gozado pelo membro do Ministério Público será computado em dobro, se o requerer o interessado, para os efeitos de aposentadoria, gratificações por tempo de serviço e qüinqüênios.

---

[39] Ver Lei nº 9.075/90, que regulamentou o art. 33, § 4º, da CE.

Seção VI
DO AFASTAMENTO PARA APERFEIÇOAMENTO

Art. 104. O membro do Ministério Público com mais de dois anos de efetivo exercício poderá obter licença para afastamento do cargo, a fim de freqüentar, no País ou no exterior, cursos ou seminários de aperfeiçoamento jurídico, sem prejuízo de sua remuneração, precedendo decisão favorável do Órgão Especial do Colégio de Procuradores.

- *V.* LON, art. 53, III; LO, art. 27, VI, *a*: a decisão, agora, é do Conselho Superior; EMP, art. 53, X, e 88, VI.

Seção VII
DO TRANSPORTE

Art. 105. O membro do Ministério Público que se afastar de sua sede, em objeto de serviço, terá direito de requisitar, por conta do Estado, transporte, de primeira classe, em veículo coletivo.

- *V.* LO, art. 25, IV; EMP, art. 88, VII.

§ 1º A utilização de automóvel de aluguel ou aeronave será precedida de autorização do Procurador-Geral.

§ 2º A requisição de passagem incluirá cabina ou leito, se necessário.

Art. 106. O membro do Ministério Público, nomeado, promovido ou removido compulsoriamente, poderá requisitar passagem e leito para si e pessoa da família e transporte para a respectiva bagagem.

§ 1º O disposto neste artigo aplica-se também à designação ou classificação que importe em mudança de sede.

§ 2º Quando as despesas de que trata este artigo forem feitas às expensas do membro do Ministério Público, inclusive com a utilização de veículo próprio, será ele reembolsado pelo Estado, mediante requerimento devidamente instruído com os comprovantes respectivos.[40]

Art. 107. Ao licenciado para tratamento de saúde, será concedido transporte dentro do Estado, inclusive para um acompanhante, se, por exigência do laudo médico, tiver que se deslocar da sede de seu serviço.

Seção VIII
DA LICENÇA À GESTANTE

Art. 108. A licença para repouso da gestante, com vencimentos integrais, será concedida nos termos do Estatuto do Funcionário Público Civil do Estado.

- *V.* CF, art. 7º, XVIII; LON, arts. 52, III, e 53, I; CE, art. 29, X; EMP, art. 88, VIII.

---
[40] Parágrafos 1º e 2º com redação da Lei nº 7.744/82.

TÍTULO IV
DAS CORREIÇÕES E DAS NORMAS DISCIPLINARES

Capítulo I
DAS CORREIÇÕES

Art. 109. Os serviços do Ministério Público estão sujeitos a correições que serão:
I - permanentes;
II - ordinárias;
III - extraordinárias.

Art. 110. As correições permanentes serão feitas pelo Procurador-Geral e pelos Procuradores de Justiça ao examinarem os autos em que oficiarem.

- *V.* LON, art. 19, § 2º.

§ 1º Verificada falta na atuação do membro do Ministério Público, o Corregedor-Geral far-lhe-á, confidencialmente, por ofício, as recomendações que julgar convenientes.

- *V.* LON, art. 17, VI; LO, arts. 27, XII, e 28, II.

§ 2º Nos casos passíveis de pena, o Procurador-Geral determinará a instauração de sindicância ou de processo administrativo, conforme natureza da falta.

- *V.* LON, art. 17, V; LO, arts. 27, VIII, e 28, V.

Art. 111. As correições ordinárias serão realizadas pelo Corregedor-Geral ou por Promotor-Corregedor, para verificar a regularidade do serviço, a eficiência e a pontualidade dos membros do Ministério Público no exercício das funções.

- *V.* LON, art. 17, I e II; LO, art. 28, XII.

Parágrafo único. Anualmente, deverão ser realizadas correições ordinárias em, no mínimo, trinta (30) Promotorias do interior e dez (10) da Capital.

Art. 112. As correições extraordinárias serão realizadas pessoalmente pelo Corregedor-Geral, de ofício ou por determinação do Procurador-Geral, do Órgão Especial do Colégio de Procuradores ou do Conselho Superior.

- *V.* LON, art. 17, I e II; LO, art. 28, XII.

Art. 113. Concluída a correição, o Corregedor-Geral apresentará relatório circunstanciado em que mencionará as falhas observadas e as providências adotadas, e proporá as medidas de caráter disciplinar ou administrativo que excedam de suas atribuições.

- *V.* LO, art. 27, XV.

Capítulo II
DAS NORMAS DISCIPLINARES

Seção I
DAS PENALIDADES E DE SUA APLICAÇÃO[41]

Art. 114. Os membros do Ministério Público são passíveis das seguintes sanções:
I - advertência;
- *V. EMP*, arts. 115 e 118.

II - censura;
- *V. EMP*, arts. 116 e 118.

III - suspensão;
- *V. EMP*, arts. 117 e 118.

IV - demissão;
- *V. EMP*, art. 119.

V - cassação de aposentadoria ou de disponibilidade.
- *V. EMP*, art. 120.

Art. 115. A pena de advertência será aplicada nos seguintes casos:
I - negligência no exercício da função;
- *V. LON*, art. 43; EMP, art. 55.

II - desobediência às determinações e às instruções dos Órgãos da Administração Superior do Ministério Público;
- *V. LON*, art. 43, XIV.

III - descumprimento injustificado de designações oriundas dos Órgãos da Administração Superior do Ministério Público;
IV - inobservância dos deveres inerentes ao cargo, quando o fato não se enquadrar nos incisos anteriores.
- *V. LON*, art. 43; EMP, art. 55.

Art. 116. A pena de censura será aplicada em caso de reincidência em falta anteriormente punida com pena de advertência ou crítica pública e desrespeitosa a órgãos da Instituição.
- *V. EMP*, art. 121.

Art. 117. A pena de suspensão, de dez até noventa dias, será aplicada nos seguintes casos:
I - reincidência em falta anteriormente punida com censura;
- *V. EMP*, art. 121.

---

[41] Todos os artigos desta Seção, bem como seus incisos e parágrafos, com redação dada pela Lei nº 11.355/99.

II - revelação de assunto de caráter sigiloso que conheça em razão do cargo ou função, comprometendo a dignidade de suas funções ou da Justiça;
- *V.* LON, art. 26, § 2º.

III - exercício do comércio ou participação em sociedade comercial ou industrial, exceto como quotista ou acionista;
- *V.* CF, art. 128, § 5º, II, *c*; LON, art. 44, III.

IV - acúmulo ilegal de cargo ou função pública;
- *V.* LON, art. 44, parágrafo único.

V - exercício, ainda que em disponibilidade, de qualquer outra função pública, salvo uma de magistério;
- *V.* CF, art. 128, § 5º, II, *d*; LON, art. 44, IV.

VI - exercício de atividade político-partidária, ressalvada a filiação e as exceções previstas em lei.
- *V.* CF, art. 129, § 5º, II, *e*; LON, art. 44, V.

Parágrafo único. A suspensão importa, enquanto durar, na perda dos vencimentos e das vantagens pecuniárias inerentes ao exercício do cargo, vedada sua conversão em pena de multa.
- *V.* LON, art. 60.

Art. 118. As penas de advertência, de censura e de suspensão serão aplicadas, em dez dias, pelo Procurador-Geral de Justiça, reservadamente e por escrito.
- *V.* LO, art. 25, XVIII; EMP, art. 114.

Parágrafo único. A aplicação das penas de advertência e de censura poderá ser delegada, pelo Procurador-Geral de Justiça, ao Corregedor-Geral do Ministério Público.
- *V.* LO, art. 25, LX.

Art. 119. A pena de demissão será aplicada nos seguintes casos:
- *V.* CF, art. 41, § 1º, e art. 128, § 5º, II.

I - exercício da advocacia;
- *V.* CF, art. 128, § 5º, II, *b*; LON, art. 38, § 1º, II, e art. 44, II.

II - reincidência em falta punida com suspensão;
- *V.* EMP, art. 121.

III - lesão aos cofres públicos, dilapidação do patrimônio público ou de bens confiados a sua guarda;
IV - abandono do cargo pela interrupção injustificada do exercício das funções por mais de trinta dias consecutivos, ou sessenta intercalados, no período de doze meses;
V - condenação definitiva por crime contra o patrimônio, costumes, administração e fé públicas e por posse ou tráfico de entorpecentes;

VI - incontinência pública e escandalosa que comprometa, reiteradamente, a dignidade da Instituição;
VII - improbidade administrativa, nos termos do artigo 37, § 4º, da Constituição Federal;
- V. Lei nº 8.429/92.

VIII - recebimento, a qualquer título e sob qualquer pretexto, de honorários advocatícios, percentagens e custas processuais.
- V. CF, art. 129, § 5º, II, a; LON, art. 44, I.

§ 1º Na ocorrência das infrações praticadas por membro vitalício do Ministério Público previstas neste artigo, o Procurador-Geral de Justiça, autorizado pelo Órgão Especial do Colégio de Procuradores, nos termos desta Lei, proporá, perante o Tribunal de Justiça, a ação cível destinada à decretação da perda do cargo, sem prejuízo da ação penal.
- V. LON, arts. 12, X, e 38, § 2º; LO, art. 8º, XVI.

§ 2º Na ocorrência das infrações praticadas por membro do Ministério Público, enumeradas neste artigo, durante o estágio probatório, o Procurador-Geral de Justiça imporá a pena de demissão.
- V. EMP, arts. 23 a 25.

Art. 120. A cassação de aposentadoria ou de disponibilidade será aplicada nos casos de falta punível com demissão, praticada quando no exercício do cargo ou de função.
Parágrafo único. O Procurador-Geral de Justiça, após regular processo administrativo-disciplinar, autorizado pelo Órgão Especial do Colégio de Procuradores, ajuizará ação cível para a cassação de aposentadoria ou de disponibilidade, nos termos deste artigo.
- V. LON, art. 12, XIII; LO, art. 8º, XXV.

Art. 121. Considera-se reincidência para os efeitos desta Lei, a prática de nova infração, dentro de cinco anos após cientificado o infrator do ato que lhe tenha imposto, definitivamente, sanção disciplinar.
- V. EMP, arts. 116, 117, I, e 119, II.

Art. 122. Na aplicação das sanções disciplinares, considerar-se-ão os antecedentes do infrator, a natureza e a gravidade da infração, as circunstâncias em que foi praticada e os danos que dela resultaram ao serviço ou à dignidade da Instituição ou da Justiça.

Art. 123. Deverão constar dos assentamentos funcionais do membro do Ministério Público as penas que lhe forem impostas, vedada sua publicação, exceto a de demissão.
- V. LO, art. 28, § 2º; EMP, art. 154.

Parágrafo único. É vedado fornecer a terceiros certidões relativas às penalidades de advertência, de censura e de suspensão, salvo para defesa de direito.

Art. 124. Extinguir-se-á, pela prescrição, a punibilidade administrativa da falta:

I - punível com advertência, em dois anos;

II - punível com censura ou suspensão, em três anos;

III - punível com demissão ou cassação de aposentadoria ou de disponibilidade, em quatro anos.

Parágrafo único. Quando a infração disciplinar constituir, também, infração penal, o prazo prescricional será o mesmo da ação penal, iniciando sua contagem da data em que os Órgãos da Administração Superior do Ministério Público tiveram ciência efetiva da falta praticada por membro do Ministério Público.

Art. 125. Prescreverá a execução da pena imposta:

I - em um ano, para a falta punida com advertência ou censura;

II - em dois anos, para a falta punida com suspensão;

III - em quatro anos, para a falta punida com demissão e cassação de aposentadoria ou de disponibilidade.

Parágrafo único. Interrompem a prescrição a instauração de processo administrativo-disciplinar, a decisão condenatória do Conselho Superior do Ministério Público e a citação para a ação de perda do cargo e para a cassação de aposentadoria ou de disponibilidade.

Seção II
DAS NORMAS PROCEDIMENTAIS[42]

Art. 126. Os Órgãos da Administração Superior, sempre que tiverem conhecimento de irregularidades ou faltas funcionais praticadas por membros do Ministério Público, tomarão as medidas necessárias para a sua apuração.

- V. LON, arts. 12, VII, 17, V, e 43; LO, arts. 8º, X, e 13, V.

Parágrafo único. A apuração das infrações será feita mediante sindicância ou processo administrativo-disciplinar.

Art. 127. A sindicância terá lugar:

- V. EMP, arts. 129 e 137.

I - como condição do processo administrativo-disciplinar, quando a caracterização da falta funcional depender de prévia apuração;

II - como condição para imposição das penas de advertência e censura.

Art. 128. A aplicação das penas de suspensão e de demissão será, obrigatoriamente, precedida de processo administrativo-disciplinar instau-

---

[42] Todos os artigos desta Seção, bem como seus incisos e parágrafos, com redação dada pela Lei nº 11.355/99.

rado pela Corregedoria-Geral do Ministério Público, de ofício ou por provocação dos demais Órgãos da Administração Superior.

* V. EMP, arts. 130, 132 e 140.

§ 1º O processo administrativo-disciplinar será conduzido por uma comissão constituída pelo Corregedor-Geral ou por Procurador de Justiça, seu presidente, e por dois membros do Ministério Público, todos designados pelo Procurador-Geral de Justiça.

§ 2º Em caso de impedimento ou de suspeição do Corregedor-Geral ou do Procurador de Justiça designado pelo Procurador-Geral de Justiça, a comissão será presidida por integrante do Órgão Especial do Colégio de Procuradores, mediante sorteio.

§ 3º Os membros da comissão não poderão ser de entrância inferior à do indiciado.

§ 4º Quando o acusado for Procurador de Justiça, os membros da comissão, exceto quanto à presidência, serão sorteados dentre os Procuradores de Justiça em exercício, pelo Órgão Especial do Colégio de Procuradores.

* V. LO, art. 8º, XIX.

§ 5º As funções de secretário da comissão serão exercidas por um dos membros, indicado pelo presidente.

Art. 129. A portaria que ordenar a realização de sindicância, expedida pela Corregedoria-Geral, conterá o motivo de sua instauração, indicará o sindicante e o prazo para conclusão dos trabalhos.

Art. 130. A portaria de instauração do processo administrativo-disciplinar, expedida pela Corregedoria-Geral, conterá a qualificação do acusado, a descrição do fato com suas circunstâncias, a composição da comissão, o rol de testemunhas e o prazo para conclusão dos trabalhos.

* V. EMP, art. 161.

Art. 131. Os membros da comissão ou o sindicante, quando necessário, poderão ser dispensados do exercício de suas funções no Ministério Público pelo Procurador-Geral de Justiça, ouvido o Conselho Superior do Ministério Público.

Art. 132. Os membros da comissão ou o sindicante voltarão a oficiar no processo administrativo-disciplinar ou na sindicância se o órgão julgador determinar a realização de diligência.

Art. 133. Qualquer pessoa ou autoridade poderá reclamar a apuração de responsabilidade de membro do Ministério Público, mediante representação escrita, dirigida aos órgãos da Administração Superior do Ministério Público.

§ 1º A representação feita por quem não for autoridade, quando não tomada por termo, deverá trazer firma reconhecida e não poderá ser arquivada de plano, salvo se de manifesta improcedência. Não sendo comprovada de plano a falta imputada, proceder-se-á à averiguação prévia e informal por quem a apreciou.

§ 2º O andamento do expediente respectivo terá caráter reservado.

§ 3º Em caso de arquivamento, que deverá ser fundamentado, o representante poderá obter certidão da decisão que o determinar.

Art. 134. Na sindicância, como no processo administrativo-disciplinar, poderá ser argüida suspeição, que se regerá pelas normas da legislação comum.

Art. 135. É assegurado ao sindicado ou acusado o direito de participar, pessoalmente ou por seu defensor, dos atos procedimentais.

Art. 136. São aplicáveis, subsidiariamente, ao processo administrativo, as normas do Código de Processo Penal.

Seção III
DA SINDICÂNCIA[43]

- V. EMP, arts. 127, 129 e 132.

Art. 137. O sindicante procederá, em sigilo funcional, às seguintes diligências:

I - ouvirá o sindicado e conceder-lhe-á o prazo de cinco dias para produzir justificação ou defesa prévia, podendo requerer e apresentar provas e arrolar até cinco testemunhas;

II - no prazo de dez dias, colherá as provas que entender necessárias, ouvindo, a seguir, as testemunhas do sindicado;

III - encerrada a instrução, o sindicado terá o prazo de cinco dias para alegações finais, findo o qual a sindicância, acompanhada de relatório conclusivo, será enviada, pelo Corregedor-Geral, ao Conselho Superior do Ministério Público para decidir, no prazo de vinte dias, prorrogável por mais dez, se houver justo motivo.

Parágrafo único - A sindicância não excederá o prazo de sessenta dias, salvo motivo plenamente justificado.

Art. 138. Aplicam-se à sindicância, no que forem compatíveis, as normas do processo administrativo-disciplinar.

Art. 139. O membro do Ministério Público encarregado da sindicância não poderá integrar a comissão do processo administrativo-disciplinar.

---

[43] Todos os artigos desta Seção, bem como seus incisos e parágrafos, com redação dada pela Lei nº 11.355/99.

Seção IV
DO PROCESSO ADMINISTRATIVO-DISCIPLINAR[44]

Art. 140. O processo administrativo-disciplinar deverá ser iniciado dentro do prazo improrrogável de cinco dias, contado da data da constituição da comissão e concluído no prazo de noventa dias, contado a partir da citação do acusado.

Parágrafo único. Mediante representação fundamentada do presidente da comissão, o prazo para a conclusão do processo poderá ser prorrogado pelo Procurador-Geral de Justiça por até sessenta dias, ouvido o Conselho Superior do Ministério Público.

Art. 141. A instrução, que será realizada sob sigilo, guardará forma processual, resumidos, quando possível, os termos lavrados pelo secretário.

Parágrafo único. Na juntada de peças, observar-se-á a ordem cronológica de sua apresentação, devendo, como as demais folhas do processo, ser rubricadas pelo Presidente da comissão ou pelo secretário.

Art. 142. Autuada a portaria com as peças que a acompanham, o presidente designará dia e hora para a audiência inicial, determinando a citação do acusado, que será feita pessoalmente.

§ 1º Residindo o acusado no interior do Estado, a citação será feita por ofício registrado com aviso de recebimento em mão própria, cujo comprovante se juntará ao processo.

§ 2º Se o acusado estiver em lugar incerto, será citado por edital, publicado por uma vez no órgão oficial, com prazo de quinze dias.

§ 3º O prazo a que se refere o parágrafo anterior será contado da publicação do edital.

Art. 143. Efetivada a citação, o processo administrativo-disciplinar não se suspenderá pela superveniência de férias ou de licenças do acusado, salvo licença-saúde que impossibilite sua continuidade.

Parágrafo único. O mandado de citação será acompanhado de cópias da portaria, da representação, se houver, e do despacho de designação de dia, hora e local para o interrrogatório do acusado.

Art. 144. Na audiência de interrogatório, o acusado indicará seu defensor. Se não quiser ou não puder fazê-lo, o presidente da comissão designar-lhe-á defensor dativo.

§ 1º Não comparecendo o acusado, o presidente da comissão decretar-lhe-á a revelia, nomeando-lhe defensor dativo.

---

[44] Todos os artigos desta Seção, bem como seus parágrafos, com redação dada pela Lei nº 11.355/99.

§ 2º Comparecendo o acusado, a qualquer tempo, a comissão poderá proceder a seu interrogatório.

Art. 145. O acusado, ou seu defensor, no prazo de cinco dias, contado da audiência designada para o interrogatório, poderá apresentar defesa prévia, juntar prova documental, requerer diligências e arrolar até oito testemunhas.

§ 1º Findo o prazo do *caput* deste artigo, o presidente da comissão, dentro de quarenta e oito horas, designará audiência para inquirição das testemunhas arroladas na portaria e na defesa prévia.

§ 2º Se as testemunhas de defesa não forem encontradas, e o acusado, no prazo de três dias, não indicar outras em substituição, prosseguir-se-á nos demais termos do processo.

§ 3º É permitido ao acusado inquirir as testemunhas por intermédio do presidente, e este, ouvidos os demais membros da comissão, poderá indeferir as perguntas impertinentes, consignando-as, se assim for requerido.

Art. 146. Não sendo possível concluir a instrução na mesma audiência, o presidente marcará a continuação para outro dia.

Art. 147. Durante o processo, poderá o presidente, ouvidos os demais membros da comissão, ordenar qualquer diligência que seja requerida ou que julgue necessária ao esclarecimento do fato.

Parágrafo único. A autoridade processante, quando necessário, requisitará o concurso de técnicos e peritos oficiais.

Art. 148. Surgindo fato novo contra o acusado ou outro membro do Ministério Público, a portaria poderá ser aditada ou ser instruído novo processo.

Art. 149. Constará dos autos a cópia do assentamento funcional do acusado.

Art. 150. Encerrada a instrução, o acusado terá vista dos autos para alegações escritas, no prazo de cinco dias.

§ 1º Havendo mais de um acusado, os prazos de defesa serão distintos e sucessivos.

§ 2º Apresentadas as alegações finais ou findo o respectivo prazo, a comissão, dentro de quinze dias, elaborará o relatório conclusivo, no qual especificará, quando cabível, as disposições legais transgredidas e as sanções aplicáveis.

§ 3º Deverá a comissão, também, propor quaisquer outras providências que lhe parecerem necessárias.

Art. 151. Recebendo o processo, o Conselho Superior do Ministério Público decidirá, dentro do prazo de quinze dias, prorrogáveis por igual período, na forma do seu regimento interno.

§ 1º As diligências que se fizerem necessárias serão realizadas dentro do prazo mencionado no *caput* deste artigo.

§ 2º A autoridade encarregada da aplicação da pena fica vinculada à decisão do Conselho Superior do Ministério Público.

Art. 152. Se o Conselho Superior do Ministério Público decidir pela absolvição do acusado, ou reconhecer a existência de circunstância legal que exclua a aplicação da pena disciplinar, determinará o arquivamento do processo.

Art. 153. Quando, no processo, se verificar a existência de crime de ação pública, o Conselho Superior do Ministério Público remeterá cópia dos autos ao Procurador-Geral de Justiça para as providências cabíveis.

Art. 154. No caso de absolvição em processo administrativo-disciplinar, não constarão quaisquer anotações nos assentamentos funcionais do indiciado ou acusado.

• *V.* LO, art. 28, § 2º; EMP, art. 123.

Seção V
DO AFASTAMENTO PREVENTIVO[45]

Art. 155. O Procurador-Geral de Justiça, de ofício, a pedido do sindicante, do presidente da comissão processante ou do Conselho Superior do Ministério Público, poderá, mediante despacho motivado, decretar o afastamento preventivo do indiciado por até noventa dias, prorrogáveis por mais sessenta, desde que sua permanência em exercício seja reputada inconveniente durante a realização do processo administrativo-disciplinar.

• *V.* LON, art. 60; LO, art. 27, VII, *a*.

Parágrafo único. O afastamento preventivo do acusado não poderá ocorrer quando ao fato imputado corresponderem somente as penas de advertência ou de censura.

Art. 156. O membro do Ministério Público que houver sido afastado preventivamente terá direito:

I - à contagem do tempo de serviço relativo ao período em que tenha estado afastado preventivamente, quando do processo não houver resultado a aplicação de pena disciplinar ou esta tenha sido limitada à advertência ou à censura;

---

[45] Todos os artigos desta Seção, bem como seus incisos e parágrafos, com redação dada pela Lei nº 11.355/99.

II - à contagem, como tempo de exercício, do período de afastamento que exceder o prazo da suspensão disciplinar aplicada;

III - à percepção dos vencimentos e vantagens, como se em exercício estivesse, sem prejuízo do disposto no artigo 157 desta Lei.

Art. 157. Se o membro do Ministério Público suspenso preventivamente vier a ser punido com suspensão, computar-se-á o tempo do afastamento preventivo para integrar o da pena, procedendo-se aos necessários ajustes no tempo de serviço e nos vencimentos e vantagens.

Art. 158. Se se tratar de falta grave imputada a membro do Ministério Público ainda não-vitaliciado, o afastamento preventivo importará na imediata suspensão do exercício funcional e do prazo para vitaliciamento.

- *V.* LON, art. 60.

Seção VI
DOS RECURSOS[46]

Art. 159. Caberá recurso para o Conselho Superior do Ministério Público:

I - da decretação de afastamento preventivo, no caso do artigo 155, *caput*, desta Lei;

II - da instauração de processo administrativo-disciplinar provocado pelo Procurador-Geral de Justiça ou, de ofício, pela Corregedoria-Geral do Ministério Público.

Art. 160. Caberá recurso para o Órgão Especial do Colégio de Procuradores nos seguintes casos:

- *V.* LON, art. 12, VIII e XIII.

I - das decisões do Conselho Superior do Ministério Público que aplicarem sanção disciplinar;

- *V.* LON, art. 8º, XI, *b*; LO, art. 27, III, *e*.

II - das decisões do Conselho Superior que determinarem a instauração de processo administrativo-disciplinar;

- *V.* LO, art. 27, VII, *b*.

III - das decisões do Conselho Superior que indeferirem o pedido de reabilitação.

Art. 161. São irrecorríveis as decisões que determinarem a instauração de sindicância.

Art. 162. Todos os recursos têm efeito suspensivo.

---

[46] Todos os artigos desta Seção, bem como seus incisos, com redação dada pela Lei nº 11.355/99.

Art. 163. O prazo para a interposição de qualquer recurso é de dez dias.

Art. 164. O órgão recursal deverá apreciar os recursos no prazo de trinta dias, prorrogável por igual período se houver justo motivo.

Capítulo III
DA REVISÃO[47]

Art. 165. Cabe, em qualquer tempo, a revisão do processo de que houver resultado a imposição de penalidade administrativa:
- *V.* LON, art. 12, IX.

I - quando se aduzam fatos ou circunstâncias suscetíveis de provar inocência ou de justificar a imposição de sanção mais branda; ou

II - quando a sanção se tenha fundado em prova falsa.

Art. 166. O pedido de revisão será dirigido ao Procurador-Geral de Justiça , pelo próprio interessado ou por seu procurador, ou, se falecido ou interdito, por seu cônjuge, companheiro, descendente, ascendente, irmão ou curador, que o submeterá ao Órgão Especial do Colégio de Procuradores.
- *V.* LO, art. 8°, XV.

Art. 167. A revisão será processada pelo Órgão Especial do Colégio de Procuradores na forma de seu regimento interno.

Art. 168. É impedido de relatar a revisão o sindicante ou o membro da comissão de processo.

Art. 169. A petição será apensa ao processo administrativo-disciplinar ou aos autos da sindicância, marcando o Presidente do Órgão Especial do Colégio de Procuradores o prazo de dez dias para a juntada das provas documentais, se possível.

Art. 170. Concluída a instrução do processo, será aberta vista dos autos ao requerente, pelo prazo de dez dias, para razões finais.

Art. 171. Decorrido o prazo do artigo anterior o processo entrará em pauta no Órgão Especial do Colégio de Procuradores dentro dos trinta dias seguintes.

Art. 172. O Órgão Especial do Colégio de Procuradores é o competente para proferir decisão definitiva no pedido de revisão.
- *V.* LO, art. 8°, XV.

Art. 173. Se o Órgão Especial do Colégio de Procuradores decidir pela improcedência do pedido de revisão, os autos serão arquivados.

---

[47] Todos os artigos deste Capítulo, bem como seus incisos, com redação dada pela Lei n° 11.355/99.

Art. 174. Julgada procedente a revisão, será tornada sem efeito a sanção aplicada, com o restabelecimento, em sua plenitude, dos direitos por ela atingidos, exceto se for o caso de aplicar-se penalidade mais branda.

Capítulo IV
DA REABILITAÇÃO[48]

Art. 175. O membro do Ministério Público que houver sido punido disciplinarmente com advertência ou censura poderá obter, do Conselho Superior do Ministério Público, o cancelamento das respectivas notas dos assentamentos funcionais, decorridos quatro anos do trânsito em julgado da decisão que as aplicou, desde que, nesse período, não haja sofrido outra punição disciplinar.

Art. 176. Do deferimento haverá recurso de ofício para o Órgão Especial do Colégio de Procuradores, e do indeferimento caberá recurso voluntário.

• V. LON, art. 12, XIII.

TÍTULO V
DISPOSIÇÕES GERAIS E TRANSITÓRIAS

Art. 177. Nos casos omissos deste Estatuto, aplicar-se-á, no que couber, a Lei Complementar Federal n° 40, de 14 de dezembro de 1981, a legislação aplicável à Magistratura estadual e, na falta dessas, o Estatuto do Funcionário Público Civil do Estado.

• A LC 40/81 cedeu lugar à Lei n° 8.625/93 (LON).

Art. 178. Para efeito de percepção de vencimentos, os membros do Ministério Público deverão apresentar à repartição pagadora certidão de efetividade, passada, no interior do Estado, pelo Escrivão da vara da direção do foro, e, na Capital, pelo Secretário da Procuradoria-Geral.

• O disposto no *caput* e no parágrafo deixou de ser aplicado, em face da autonomia do Ministério Público, que elabora a folha de pagamento.

Parágrafo único. Nas comarcas do interior do Estado, incumbe ao escrivão da vara da direção do foro a elaboração da folha de pagamento dos membros do Ministério Público.

• Ver nota anterior.

Art. 179. São proibidas designações na carreira do Ministério Público, salvo quando expressamente previstas em lei.

• V. LON, art. 10, IX.

---

[48] Todos os artigos deste Capítulo com redação dada pela Lei n° 11.355/99.

Parágrafo único. As designações especiais, que não excederão o prazo de sessenta (60) dias, dependerão de ato do Governador do Estado, do qual constem as atribuições a serem desempenhadas pelo membro do Ministério Público.

- *V. LON, art. 10, IX: as designações são atribuições do Procurador-Geral de Justiça.*

Art. 180. O cônjuge do membro do Ministério Público que for servidor estadual, se o requerer, será removido ou designado para a sede da comarca onde este servir, sem prejuízo de quaisquer direitos ou vantagens.

§ 1º Não havendo vaga nos quadros da respectiva Secretaria, será adido ou posto à disposição de qualquer serviço público estadual.

§ 2º O disposto neste artigo não se aplica a cônjuge de membro do Ministério Público que seja, igualmente, membro do Ministério Público.

Art. 181. (REVOGADO)

Art. 182. Dentro de trinta (30) dias da publicação desta Lei, o Poder Executivo expedirá decreto regulamentando o estágio probatório (Capítulo IV, art. 25).

- *V. Decreto Estadual nº 32.181, de 20/2/86 (anexo), ainda em vigor.*

Art. 183. Revogam-se as disposições em contrário.

Art. 184. Esta Lei entrará em vigor na data de sua publicação.

Constituição Federal

Artigos 127 a 130, referentes ao Ministério Público.

Capítulo IV
DAS FUNÇÕES ESSENCIAIS À JUSTIÇA

Seção I
DO MINISTÉRIO PÚBLICO

Art. 127. O Ministério Público é instituição permanente, essencial à função jurisdicional do Estado, incumbindo-lhe a defesa da ordem jurídica, do regime democrático e dos interesses sociais e individuais indisponíveis.

- V. LC 75/93, art. 1º; LON, art. 1º; CE, art. 107; LO, art. 1º.

§ 1º São princípios institucionais do Ministério Público a unidade, a indivisibilidade e a independência funcional.

- V. LON, art. 1º, § 1º; LO, art. 1º, parágrafo único.

§ 2º Ao Ministério Público é assegurada autonomia funcional e administrativa, podendo observado o disposto no art. 169, propor ao Poder Legislativo a criação e extinção de seus cargos e serviços auxiliares, provendo-os por concurso público de provas ou de provas e títulos; a lei disporá sobre sua organização e funcionamento.

- V. LON, art. 3º; LO, art. 2º.

§ 3º O Ministério Público elaborará sua proposta orçamentária dentro dos limites estabelecidos na lei de diretrizes orçamentárias.

- V. LON, art. 4º; CE, art. 110; LO, art. 2º, § 2º.

Art. 128. O Ministério Público abrange:
I - o Ministério Público da União, que compreende:

- V. LC 75/93, arts. 24 e 32.

a) o Ministério Público Federal;
b) o Ministério Público do Trabalho;
c) o Ministério Público Militar;
d) o Ministério Público do Distrito Federal e Territórios;

II - os Ministérios Públicos dos Estados.

§ 1º O Ministério Público da União tem por chefe o Procurador-Geral da República, nomeado pelo Presidente da República dentre integrantes da carreira, maiores de trinta e cinco anos, após a aprovação de seu nome pela maioria absoluta dos membros do Senado Federal, para mandato de dois anos, permitida a recondução.

• V. CF, art. 52, III; LC 75/93, arts. 25 e 26; § 3º, a seguir, quanto à recondução.

§ 2º A destituição do Procurador-Geral da República por iniciativa do Presidente da República, deverá ser precedida de autorização da maioria absoluta do Senado Federal.

• V. CF, art. 52, XI; LC 75/83, art. 25, parágrafo único.

§ 3º Os Ministérios Públicos dos Estados e o do Distrito Federal e Territórios formarão lista tríplice dentre integrantes da carreira, na forma da lei respectiva, para escolha de seu Procurador-Geral, que será nomeado pelo Chefe do Poder Executivo, para mandato de dois anos, permitida uma recondução.

• V. LON, art. 9º, § 1º; LO, arts. 4º a 6º.

§ 4º Os Procuradores-Gerais nos Estados e no Distrito Federal e Territórios poderão ser destituídos por deliberação da maioria absoluta do Poder Legislativo, na forma da lei complementar respectiva.

• V. LON, arts. 9º, § 2º, e 12, IV; LO, arts. 7º e 8º, II a IV.

§ 5º Leis complementares da União e dos Estados, cuja iniciativa é facultada aos respectivos Procuradores-Gerais, estabelecerão a organização, as atribuições e o estatuto de cada Ministério Público, observadas, relativamente a seus membros:

• V. LC 75/93; LON; CE; LO.

I - as seguintes garantias:

a) vitaliciedade, após dois anos de exercício, não podendo perder o cargo senão por sentença judicial transitada em julgado;

• V. LON, arts. 38, I, e 53; CE, art. 113, I, *a*; EMP, art. 3º, I.

b) inamovibilidade, salvo por motivo de interesse público, mediante decisão do órgão colegiado competente do Ministério Público, por voto de dois terços de seus membros, assegurada ampla defesa;

• V. LON, arts. 15, VIII, e 38, II; CE, art. 113, I, *b*; EMP, art. 3º, III.

c) irredutibilidade de subsídios, fixado na forma do art. 39, § 4º, e ressalvado o disposto nos arts. 37, X e XI, 150, II, 153, III, 153, § 2º, I;

• V. LON, art. 38, III; CE, art. 113, I, *c*; EMP, art. 3º, II.

II - as seguintes vedações:

a) receber, a qualquer título e sob qualquer pretexto, honorários, percentagens ou custas processuais;

• V. LON, art. 44, I; CE, art. 113, II, *a*; EMP, art. 4º, VII.

b) exercer a advocacia;
- *V.* LON, art. 44, II; CE, art. 113, II, *b*; EMP, art. 4°, I.

c) participar de sociedade comercial, na forma da lei;
- *V.* LON, art. 44, III; CE art. 113, II, *c*; EMO, art. 4°, III.

d) exercer, ainda que em disponibilidade, qualquer outra função pública, salvo uma de magistério;
- *V.* LON, art. 44, IV; CE, art. 113, II, *d*; EMP, art. 4°, V.

e) exercer atividade político-partidária, salvo exceções previstas na lei.
- *V.* LON, art. 44, V; CE, art. 113, II, *e*.

Art. 129. São funções institucionais do Ministério Público:

I - promover, privativamente, a ação penal pública, na forma da lei;
- *V.* LON, art. 25, III (e nota); CPP, art. 29; RTJ 112/474, 130/1084 e 140/834; Súmula 524 do STF.

II - zelar pelo efetivo respeito dos Poderes Públicos e dos serviços de relevância pública aos direitos assegurados nesta Constituição, promovendo as medidas necessárias a sua garantia;
- *V.* LON, arts. 27 e 29; CE, art. 111, V.

III - promover o inquérito civil e a ação civil pública, para a proteção do patrimônio público e social, do meio ambiente e de outros interesses difusos e coletivos;
- *V.* CF, art. 58, § 3°; LON, art. 25, IV; CE, art. 111, parágrafo único.

IV - promover a ação de inconstitucionalidade ou representação para fins de intervenção da União e dos Estados, nos casos previstos nesta Constituição;
- *V.* CF, arts. 103, VI, e 125, § 2°; LON, art. 25, I e II; CE, art. 95, XII, *c* e *d*.

V - defender judicialmente os direitos e interesses das populações indígenas;
- *V.* CF, arts. 109, XI, 231 e 232; LC 75/93, art. 6°, XI; Súmula 140 da STJ.

VI - expedir notificações nos procedimentos administrativos de sua competência, requisitando informações e documentos para instruí-los na forma da lei complementar respectiva;
- *V.* LON, arts. 25 e 26, § 1°, CE, art. 111, parágrafo único.

VII - exercer o controle externo da atividade policial, na forma da lei complementar mencionada no artigo anterior;
- *V.* LC 75/93, arts. 3° e 9°; LON, art. 10, IX, *e*, e arts. 26, IV, e 41, VIII; CE, art. 111, IV; LO, arts. 32, IX, e 34, I e II.

VIII - requisitar diligências investigatórias e a instauração de inquérito policial, indicados os fundamentos jurídicos de suas manifestações processuais;
- *V.* CF, art. 93, IX; LON, arts. 26, IV, e 43, III; LO, art. 32, XI; EMP, art. 55, II.

IX - exercer outras funções que lhe forem conferidas, desde que compatíveis com sua finalidade, sendo-lhe vedada a representação judicial e a consultoria jurídica de entidades públicas.

§ 1º A legitimação do Ministério Público para a ações civis previstas neste artigo não impede a de terceiros, nas mesmas hipóteses, segundo o disposto nesta Constituição e na lei.

§ 2º As funções de Ministério Público só podem ser exercidas por integrantes da carreira, que deverão residir na comarca da respectiva lotação.

- *V.* LON, arts. 25, parágrafo único, e 43, X; LO, art. 37; EMP, art. 55, IX.

§ 3º O ingresso na carreira far-se-á mediante concurso público de provas e títulos, assegurada participação da Ordem dos Advogados do Brasil em sua realização, e observada, nas nomeações, a ordem de classificação.

- *V.* LON, art. 59; CE, art, 108, § 4º, IV; EMP, art. 5º.

§ 4º Aplica-se ao Ministério Público, no que couber, o disposto no art. 93, II e VI.

- O inciso II diz respeito à promoção, enquanto o inciso VI trata da aposentadoria, ambos no Capítulo do Poder Judiciário.
- *V.* LON, art. 61; LO, arts. 26 a 28.

Art. 130. Aos membros do Ministério Público junto aos Tribunais de Contas aplicam-se as disposições desta seção pertinentes a direitos, vedações e forma de investidura.

- V. CF, art. 73, § 2º.
- Esses membros fazem parte de quadro que não pertence ao Ministério Público dos Estados, conforme o STF.

Constituição Estadual

Artigos 107 a 113, referentes ao Ministério Público.

Capítulo IV
DAS FUNÇÕES ESSENCIAIS À JUSTIÇA

Seção I
DO MINISTÉRIO PÚBLICO

Art. 107. O Ministério Público é instituição permanente, essencial à função jurisdicional do Estado, incumbindo-lhe a defesa da ordem jurídica, do regime democrático e dos interesses sociais e individuais indisponíveis.

- *V.* CF, art. 127; LC 75/93, art. 1º; LON, art. 1º; LO, art. 1º.

Art. 108. O Ministério Público tem por chefe o Procurador-Geral de Justiça, nomeado pelo Governador do Estado dentre integrantes da carreira, indicados em lista tríplice, mediante eleição, para mandato de dois anos, permitida uma recondução por igual período, na forma da lei complementar.

- *V.* CF, art. 128, § 3º, LON, art. 9º, LO, art. 4º e § 1º.

§ 1º Decorrido o prazo previsto em lei sem nomeação do Procurador-Geral de Justiça, será investido no cargo o integrante da lista tríplice mais votado.

- *V.* LON, art. 9º, § 4º; LO, art. 5º, §§ 2º e 3º.

§ 2º O Procurador-Geral de Justiça poderá ser destituído por deliberação da maioria absoluta da Assembléia Legislativa, nos casos e na forma da lei complementar estadual.

- *V.* CF, art. 128, § 4º; LON, arts. 9º, § 2º, e 12, IV; CE, art. 53, XXX; LO, arts. 7º e 8º, II, III e IV.

§ 3º O Procurador-Geral de Justiça comparecerá, anualmente, à Assembléia Legislativa para relatar, em sessão pública, as atividades e necessidades do Ministério Público.

- *V.* LO, art. 25, IV.
- *V.* Regimento Interno da Assembléia Legislativa, art. 262.

§ 4º A lei complementar a que se refere este artigo, de iniciativa facultada ao Procurador-Geral, estabelecerá a organização, as atribuições e o estatuto do Ministério Público, observados, além de outros, os seguintes princípios:
- V. CF, art. 61, II, d; LON, arts. 2º e 3º; LO, art. 2º; EMP, art. 55, IX.

I - aproveitamento em cursos oficiais de preparação para ingresso ou promoção na carreira;
- V. CF, art. 93, IV.

II - residência do membro do Ministério Público na Comarca de sua classificação;
- V. CF, art. 129, § 2º; LON, art. 43, X; EMP, art. 55, IX.

III - progressão na carreira de entrância a entrância, correspondentes aos graus da carreira da Magistratura estadual, por antiguidade e merecimento, alternadamente, sendo exigido em cada uma o interstício de dois anos de efetivo exercício, salvo se não houver candidato com os requisitos necessários;
- V. CF, art. 129, § 4º; LON, art. 61; EMP. arts. 26 a 28.

IV - ingresso na carreira mediante concurso público de provas e títulos, assegurada a participação da Ordem dos Advogados do Brasil em sua realização e observada, nas nomeações, a ordem de classificação.
- V. CF, art. 129, § 3º.

Art. 109. Ao Ministério Público é assegurada autonomia administrativa e funcional, cabendo-lhe, na forma de sua lei complementar:
- V. CF, arts. 127, §§ 2º e 3º e 169; LON, art. 3º; LO, art. 2º.

I - praticar atos próprios de gestão;

II - praticar atos e decidir sobre a situação funcional do pessoal de carreira e dos serviços auxiliares, organizados em quadros próprios;

III - propor à Assembléia Legislativa a criação e extinção de seus cargos e serviços auxiliares, bem como a fixação dos vencimentos de seus membros e servidores;

IV - prover os cargos iniciais da carreira e dos serviços auxiliares, bem como nos casos de promoção, remoção e demais formas de provimento derivado;

V - organizar suas secretarias e os serviços auxiliares das Promotorias de Justiça.

Parágrafo único - O provimento, a aposentadoria e a concessão das vantagens inerentes aos cargos da carreira e dos serviços auxiliares, previstos em lei, dar-se-ão por ato do Procurador-Geral.

Art. 110. O Ministério Público elaborará sua proposta orçamentária dentro dos limites da lei de diretrizes orçamentárias.
- V. CF, arts. 127, § 3º e 169; V. LON, art. 4º; LO, art. 2º, § 2º.

Art. 111. Além das funções previstas na Constituição Federal e nas leis, incumbe ainda ao Ministério Público, nos termos de sua lei complementar:

I - exercer a fiscalização dos estabelecimentos que abrigam idosos, inválidos, menores, incapazes e pessoas portadoras de deficiências, supervisionando-lhes a assistência;

- *V.* CF, art. 129, II; LON, art. 25, VI; CE, art. 19, V; LO, art. 30

II - exercer o controle externo das atividades desenvolvidas nos estabelecimentos prisionais;

- *V.* CF, art. 129, IX; LON, art. 25, VI.

III - assistir as famílias atingidas pelo crime e defender-lhes os interesses;

- *V.* LON, arts. 25, VII, e 27, parágrafo único.

IV - exercer o controle externo da atividade policial;

- *V.* CF, art. 129, VII; LC 75/93, arts. 3º e 9º; LON, art. 10, IX, *e*, e art. 26, IV.

V - receber petições, reclamações e representações de qualquer pessoa por desrespeito aos direitos na Constituição Federal , nesta Constituição e nas leis.

- *V.* LON, arts. 27 e 32, II.

Parágrafo único - No exercício de suas funções, o órgão do Ministério Público poderá:

a) instaurar procedimentos administrativos e, a fim de instruí-los, expedir notificações para colher depoimentos ou esclarecimentos, requisitar informações, exames, perícias e documentos de autoridades municipais, estaduais e federais, da administração direta e indireta, bem como promover inspeções e diligências investigatórias;

- *V.* CF, arts. 58, § 3º, e 129, VI e VIII; LON, art. 26, I; CE, art. 56, § 5º; EMP, art. 60, II.

b) requisitar à autoridade competente a instauração de sindicância, acompanhar esta e produzir provas;

c) requisitar informações e documentos de entidades privadas para instruir procedimento e processo em que oficie.

Art. 112. As funções do Ministério Público junto ao Tribunal Militar serão exercidas por membros do Ministério Público estadual, nos termos de sua lei complementar.

- *V.* CF, arts. 122 a 125; CE, arts. 104 a 106; LO, arts. 29, I, *b*, e 30, III.

Art. 113. Aos membros do Ministério Público são estabelecidas:
I - as seguintes garantias:

- *V.* CF, art. 128, § 5º, I.

a) vitaliciedade após dois anos de exercício, não podendo perder o cargo senão por sentença judicial transitada em julgado;

- *V.* LON, arts. 38, I, e 53; EMP, art. 3º, I.

b) inamovibilidade, salvo por motivo de interesse público, mediante decisão do órgão colegiado competente do Ministério Público, por voto de dois terços de seus membros, assegurada ampla defesa;

- *V.* LON, arts. 15, VIII, e 38, II; LO, art. 27, IV; EMP, art. 3°, III.

c) irredutibilidade de vencimentos, observado o limite máximo e a relação de valores entre a maior e a menor remuneração, bem como o disposto nos arts. 37, XI, 150, II, 153, III, e 153, § 2°, I, da Constituição Federal;

- *V.* LON, art. 38, III; EMP, art. 3°, II.
- Leia-se irredutibilidade de subsídios, conforme EC 19/98, art. 15.

II - as seguintes vedações:

- *V.* CF, art. 128, § 5°, II; LON, art. 38, § 1°; EMP, art. 4°.

a) receber, a qualquer título e sob qualquer pretexto, honorários, percentagens, ou custas processuais;

- *V.* LON, art. 44, I; EMP, art. 4°, VII.

b) exercer a advocacia;

- *V.* LON, art. 44, II; EMP, art. 4°, I.

c) participar de sociedade comercial na forma da lei;

- *V.* LON, art. 44, III; EMP, art. 4°, III.

d) exercer, ainda que em disponibilidade, qualquer outro cargo ou função pública, salvo uma de magistério.

- *V.* LON, art. 44, IV; EMP, art. 4°, V.

e) exercer atividade político-partidária, salvo exceções previstas em lei.

- *V.* LON, art. 44, V.

Legislação Estadual Complementar

LEI Nº 10.246, DE 25 DE AGOSTO DE 1994

Dispõe sobre a integração de Promotorias de Justiça e dá outras providências.

Art. 1º As Promotorias de Justiça de reduzido movimento, assim consideradas por Ato do Órgão Especial do Colégio de Procuradores, poderão ser declaradas como integradas a outra Promotoria.

Parágrafo único - Pelo exercício das atribuições do Ministério Público nas Promotorias de Justiça integradas, é assegurado ao Promotor de Justiça o recebimento de 50% da gratificação de substituição prevista no artigo 75 da Lei nº 6.536, de 31 de janeiro de 1973.

Art. 2º As despesas decorrentes desta Lei correrão à conta das dotações orçamentárias próprias.

Art. 3º Esta Lei entra em vigor na data de sua publicação.

Art. 4º Revogam-se as disposições em contrário.

LEI Nº 11.282, DE 18 DE DEZEMBRO DE 1998

Dispõe sobre a criação das Procuradorias de Justiça e de cargos de Procuradores de Justiça na carreira do Ministério Público do Rio Grande do Sul, e dá outras providências.

(...)

Art. 4º Na Procuradoria de Justiça Criminal haverá 25 (vinte e cinco) cargos de Procurador de Justiça Criminal, numerados de 1º (primeiro) a 25º (vigésimo quinto), para atuação na área criminal, conforme Anexo II desta Lei.

Art. 5º Na Procuradoria de Justiça Cível haverá 46 (quarenta e seis) cargos de Procurador de Justiça Cível, numerados de 1º (primeiro) a 46º (quadragésimo sexto), para atuação na área cível, conforme Anexo II desta Lei.

Art. 6º Os Procuradores de Justiça que estiverem classificados ou designados nas Procuradorias de Justiça Criminais e Cíveis do Tribunal de Justiça, nelas se manterão até a vacância dos cargos nos termos da lei.

(...)

Art. 8º As despesas decorrentes desta Lei correrão à conta das dotações orçamentárias próprias.

Art. 9º Esta lei entra em vigor na data de sua publicação.

Art. 10. Revogam-se as disposições em contrário.

(...)

Anexo II

I - PROCURADORES DE JUSTIÇA CRIMINAL

1º Procurador de Justiça Criminal - 1ª C. Crim. Tribunal de Justiça
2º Procurador de Justiça Criminal - 1ª C. Crim. Tribunal de Justiça
3º Procurador de Justiça Criminal - 1ª C. Crim. Tribunal de Justiça
4º Procurador de Justiça Criminal - 2ª C. Crim. Tribunal de Justiça
5º Procurador de Justiça Criminal - 2ª C. Crim. Tribunal de Justiça
6º Procurador de Justiça Criminal - 2ª C. Crim. Tribunal de Justiça
7º Procurador de Justiça Criminal - 3ª C. Crim. Tribunal de Justiça
8º Procurador de Justiça Criminal - 3ª C. Crim. Tribunal de Justiça
9º Procurador de Justiça Criminal - 3ª C. Crim. Tribunal de Justiça
10º Procurador de Justiça Criminal - 4ª C. Crim. Tribunal de Justiça
11º Procurador de Justiça Criminal - 4ª C. Crim. Tribunal de Justiça
12º Procurador de Justiça Criminal - 5ª C. Crim. Tribunal de Justiça
13º Procurador de Justiça Criminal - 5ª C. Crim. Tribunal de Justiça
14º Procurador de Justiça Criminal - 5ª C. Crim. Tribunal de Justiça
15º Procurador de Justiça Criminal - 6ª C. Crim. Tribunal de Justiça
16º Procurador de Justiça Criminal - 6ª C. Crim. Tribunal de Justiça
17º Procurador de Justiça Criminal - 6ª C. Crim. Tribunal de Justiça
18º Procurador de Justiça Criminal - 7ª C. Crim. Tribunal de Justiça
19º Procurador de Justiça Criminal - 7ª C. Crim. Tribunal de Justiça
20º Procurador de Justiça Criminal - 7ª C. Crim. Tribunal de Justiça
21º Procurador de Justiça Criminal - 8ª C. Crim. Tribunal de Justiça
22º Procurador de Justiça Criminal - 8ª C. Crim. Tribunal de Justiça
23º Procurador de Justiça Criminal - 8ª C. Crim. Tribunal de Justiça
24º Procurador de Justiça Criminal - Grupos Crim. Tribunal de Justiça
25º Procurador de Justiça Criminal - Tribunal Militar

II - PROCURADORES DE JUSTIÇA CÍVEL

1º Procurador de Justiça Cível - 1ª C. Cível Tribunal de Justiça
2º Procurador de Justiça Cível - 1ª C. Cível Tribunal de Justiça
3º Procurador de Justiça Cível - 1ª C. Cível Tribunal de Justiça
4º Procurador de Justiça Cível - 1ª C. Cível Tribunal de Justiça
5º Procurador de Justiça Cível - 2ª C. Cível Tribunal de Justiça
6º Procurador de Justiça Cível - 2ª C. Cível Tribunal de Justiça

7º Procurador de Justiça Cível - 2ª C. Cível Tribunal de Justiça
8º Procurador de Justiça Cível - 2ª C. Cível Tribunal de Justiça
9º Procurador de Justiça Cível - 3ª C. Cível Tribunal de Justiça
10º Procurador de Justiça Cível - 3ª C. Cível Tribunal de Justiça
11º Procurador de Justiça Cível - 3ª C. Cível Tribunal de Justiça
12º Procurador de Justiça Cível - 4ª C. Cível Tribunal de Justiça
13º Procurador de Justiça Cível - 4ª C. Cível Tribunal de Justiça
14º Procurador de Justiça Cível - 4ª C. Cível Tribunal de Justiça
15º Procurador de Justiça Cível - 5ª C. Cível Tribunal de Justiça
16º Procurador de Justiça Cível - 5ª C. Cível Tribunal de Justiça
17º Procurador de Justiça Cível - 6ª C. Cível Tribunal de Justiça
18º Procurador de Justiça Cível - 6ª C. Cível Tribunal de Justiça
19º Procurador de Justiça Cível - 7ª C. Cível Tribunal de Justiça
20º Procurador de Justiça Cível - 7ª C. Cível Tribunal de Justiça
21º Procurador de Justiça Cível - 7ª C. Cível Tribunal de Justiça
22º Procurador de Justiça Cível - 7ª C. Cível Tribunal de Justiça
23º Procurador de Justiça Cível - 8ª C. Cível Tribunal de Justiça
24º Procurador de Justiça Cível - 8ª C. Cível Tribunal de Justiça
25º Procurador de Justiça Cível - 8ª C. Cível Tribunal de Justiça
26º Procurador de Justiça Cível - 8ª C. Cível Tribunal de Justiça
27º Procurador de Justiça Cível - 9ª C. Cível Tribunal de Justiça
28º Procurador de Justiça Cível - 10ª C. Cível Tribunal de Justiça
29º Procurador de Justiça Cível - 11ª C. Cível Tribunal de Justiça
30º Procurador de Justiça Cível - 12ª C. Cível Tribunal de Justiça
31º Procurador de Justiça Cível - 13ª C. Cível Tribunal de Justiça
32º Procurador de Justiça Cível - 14ª C. Cível Tribunal de Justiça
33º Procurador de Justiça Cível - 15ª C. Cível Tribunal de Justiça
34º Procurador de Justiça Cível - 16ª C. Cível Tribunal de Justiça
35º Procurador de Justiça Cível - 17ª C. Cível Tribunal de Justiça
36º Procurador de Justiça Cível - 18ª C. Cível Tribunal de Justiça
37º Procurador de Justiça Cível - 19ª C. Cível Tribunal de Justiça
38º Procurador de Justiça Cível - 20ª C. Cível Tribunal de Justiça
39º Procurador de Justiça Cível - 21ª C. Cível Tribunal de Justiça
40º Procurador de Justiça Cível - 21ª C. Cível Tribunal de Justiça
41º Procurador de Justiça Cível - 21ª C. Cível Tribunal de Justiça
42º Procurador de Justiça Cível - Grupos Cíveis Tribunal de Justiça
43º Procurador de Justiça Cível - Grupos Cíveis Tribunal de Justiça
44º Procurador de Justiça Cível - Grupos Cíveis Tribunal de Justiça
45º Procurador de Justiça Cível - Grupos Cíveis Tribunal de Justiça
46º Procurador de Justiça Cível - Junta Comercial

III - PROCURADORES DE JUSTIÇA COM ATUAÇÃO ESPECIALIZADA

1º Procurador de Justiça
2º Procurador de Justiça

DECRETO Nº 32.181, DE 20 DE FEVEREIRO DE 1986

Aprova o Regulamento do Estágio Probatório do Ministério Público.

Art. 1º É aprovado o anexo Regulamento do Estágio Probatório do Ministério Público, subscrito pelo Procurador-Geral de Justiça.

Art. 2º Este Decreto entrará em vigor na data de sua publicação, revogado o Decreto nº 22.391, de 27 de março de 1973, e demais disposições em contrário.

REGULAMENTO DO ESTÁGIO PROBATÓRIO DO MINISTÉRIO PÚBLICO

Art. 1º A conveniência para o serviço da permanência em estágio probatório ou da confirmação na carreira de membro do Ministério Público será apurada na forma deste Regulamento.

Art. 2º A permanência no estágio e confirmação na carreira serão contadas do dia da entrada do Promotor no exercício do cargo e dependem do preenchimento dos seguintes requisitos:
I - idoneidade moral;
II - disciplina;
III - contração ao trabalho;
IV - eficiência.

Art. 3º Prestado o compromisso do cargo, o Promotor ficará à disposição do Corregedor-Geral do Ministério Público, em estágio de orientação, pelo prazo de até 15 (quinze) dias úteis.
- V. EMP, art. 23.

Art. 4º A Corregedoria-Geral do Ministério Público organizará um expediente individual para cada membro do Ministério Público em estágio probatório, no qual deverão constar o nome do Promotor, classificação no concurso e nota de aprovação em cada disciplina, número e data do decreto da nomeação, data do Diário Oficial que publicou o ato, data da assunção no cargo e indicação da Promotoria em que foi classificado, início e término de cada trimestre do estágio, data do recebimento dos trabalhos trimestrais, data das Resoluções que decidirem sobre o prosseguimento no estágio ou confirmarem o Promotor na carreira, bem como qualquer outro dado, documento ou trabalho relacionado com a atuação judicial ou extrajudicial do estagiário e que possa interessar à verificação dos requisitos a que se refere o artigo 2º.

Art. 5º Para os efeitos do artigo anterior, o estagiário remeterá à Corregedoria-Geral do Ministério Público, até 10 (dez) dias após o vencimento de cada trimestre, cópia de cada um dos trabalhos produzidos nesse período, relativos a:
a) denúncias e aditamentos;
b) pedidos de arquivamento de inquérito policial e de diligências;
c) alegações finais;
d) petições de interposição de recurso;
e) razões e contra-razões;
f) libelos e aditamentos aos mesmos;
g) pareceres e requerimentos formulados em processos criminais;
h) petições, pareceres e promoções em feitos de natureza cível, contenciosos ou administrativos, de iniciativa ou sujeitos à fiscalização do Ministério Público;
i) pedidos de instauração de processo especial de menores e promoções e pareceres emitidos nesses feitos;
j) petições e arrazoados em causas de acidente de trabalho, matéria trabalhista, registro civil, falências e concordatas e executivos fiscais;
l) ofícios dirigidos a autoridades.

Art. 6º Os Procuradores de Justiça que oficiam perante a segunda instância remeterão, mensalmente, à Corregedoria-Geral, em formulário por esta elaborado, as impressões que, relativamente a cada feito, tiveram quanto à eficiência, zelo e diligência com que atuou o estagiário no processo, bem como quanto ao valor jurídico dos trabalhos que nele produziu.

Parágrafo único - Para os fins deste artigo, a Corregedoria-Geral manterá os Procuradores de Justiça informados da nominata dos Promotores de Justiça em estágio probatório.

Art. 7º Recebidos os trabalhos trimestrais, serão eles distribuídos entre os Promotores-Corregedores, os quais, no prazo de dez (10) dias, emitirão parecer circunstanciado, que conterá:
I - relação dos trabalhos examinados;
II - apreciação quanto à forma gráfica, à redação, ao método e lógica, à qualidade técnico-jurídica e doutrinária dos trabalhos a que se refere o artigo 5º, letras *a* e *j*, referindo as imperfeições, omissões, vícios ou erros encontrados, com indicação, sob a forma de ementa, da solução correta ou orientação a ser observada;
III - menção à atividade extrajudicial do estagiário frente aos problemas sociais da comunidade mais intimamente ligados às funções do Ministério Público, tais como campanhas de assistência aos presos e menores, de alfabetização e de prevenção e repressão à criminalidade.

§ 1º O parecer, subscrito pelo Promotor-Corregedor, após aprovado pelo Corregedor-Geral, será remetido ao estagiário, arquivando-se no seu expediente cópia do mesmo.

§ 2º O Corregedor-Geral, a seu juízo, poderá avocar a elaboração de Parecer sobre trabalhos trimestrais e, sempre que julgar conveniente ou necessário, solicitará ao Procurador-Geral de Justiça que o estagiário seja posto à disposição da Corregedoria-Geral para novo estágio de orientação.

Art. 8º Antes de decorrido o 4º e o 6º trimestres (art. 10) de estágio probatório, a Corregedoria-Geral procederá a uma correição nas Promotorias de Justiça tituladas por Promotor estagiário, elaborando circunstanciado Relatório do que observar quanto ao serviço e à atuação extrajudicial do estagiário.

Parágrafo único - O relatório será arquivado no expediente do estagiário, encaminhando-se uma cópia ao Conselho Superior do Ministério Público.

Art. 9º Ao término do 4º trimestre de estágio probatório, o expediente, após distribuído ao Relator sorteado, será, na sessão que se seguir, submetido à apreciação do Conselho Superior do Ministério Público, o qual decidirá sobre a permanência ou não do Promotor no estágio.

- V. EMP. art. 25 § 1º.

§ 1º Na sessão de julgamento, o Relator fará uma exposição pormenorizada da atuação do estagiário, tendo em vista os requisitos do artigo 2º, e recomendará, se for o caso, as providências a serem adotadas para corrigir as irregularidades porventura ocorridas no curso do estágio.

§ 2º Findo o Relatório, o Conselho Superior, após debatê-lo, decidirá, por votação majoritária, sobre o prosseguimento do estágio probatório do Promotor. A decisão, lavrada pelo Relator, será trazida a plenário na sessão seguinte, quando, após lida, será subscrita pelo Relator e pelo membro do Conselho Superior que a tenha presidido.

§ 3º Com a decisão, lavrada em duas vias, o expediente retornará à Corregedoria-Geral, que dela dará conhecimento ao interessado, remetendo-lhe a primeira via.

Art. 10. Ao se completar o 6º (sexto) trimestre de estágio probatório do Promotor, a Corregedoria-Geral remeterá novamente o expediente ao Conselho Superior do Ministério Público, onde será imediatamente concluso ao Relator, o qual, cumpridas as diligências que haja determinado, submeterá o processo a julgamento em sessão que se efetuará em prazo não inferior a sessenta (60) dias anteriores à data do término do estágio.

- V. EMP, art. 25, § 1º.

§ 1º Na sessão de julgamento, o Relator fará minucioso relatório da atuação judicial e extrajudicial do estagiário, face aos requisitos do artigo 2º, e, debatida a matéria em regime de discussão, proferirá o seu voto, opinando pela confirmação ou não do Promotor na carreira, o que, a seguir, farão os demais membros do Órgão.

§ 2º A decisão será aferida pela maioria dos votos emitidos e, com base neles, lavrará o Relator o respectivo acórdão, o qual, lido na mesma sessão ou na seguinte, será subscrito por ele e pelo Presidente do Conselho Superior do Ministério Público, ressalvado, ao que divergir, o direito de fundamentar, à parte, seu voto.

§ 3º Concluindo o Conselho Superior pela confirmação do Promotor, retornará o expediente à Corregedoria-Geral, onde permanecerá até se completar o período do estágio.

§ 4º Da decisão será cientificado o Promotor mediante remessa de cópia do acórdão.

§ 5º Esgotado o prazo de estágio probatório sem que ocorra fato novo capaz de provocar reexame pelo Conselho Superior, a Corregedoria-Geral encaminhará o expediente ao Procurador-Geral de Justiça, que, com fundamento na decisão favorável do Órgão, expedirá portaria confirmando o Promotor na carreira.

Art. 11. Desfavorável a decisão do Conselho Superior quanto à permanência ou confirmação, dela terá ciência o interessado, que em dez dias poderão apresentar defesa escrita, facultando-se-lhe vista do processo referente ao estágio.

§ 1º Com ou sem defesa do membro do Ministério Público em estágio probatório, o Conselho Superior, depois de determinar as diligências que entender necessárias, reexaminará o processo de estágio, proferindo decisão definitiva. Desfavorável esta, o Procurador-Geral providenciará no ato de exoneração, que será assinado pelo Governador do Estado.

- O ato de exoneração é assinado pelo Procurador-Geral da Justiça, após o advento da CF/88.

§ 2º O funcionário estável, detentor de cargo de provimento efetivo, que dele se houver exonerado em razão de sua investidura em estágio probatório no Ministério Público, se exonerado na forma do § 1º, retornará ao cargo anterior ou à disponibilidade correspondente.

Art. 12. Da decisão contrária à permanência ou configuração na carreira de Promotor de Justiça em estágio probatório cabe recurso, com efeito suspensivo, ao Órgão Especial do Colégio de Procuradores, no prazo de quinze (15) dias.

Art. 13. O recurso previsto no artigo anterior será apreciado pelo Órgão Especial do Colégio de Procuradores, no prazo de trinta (30) dias, e, se desfavorável a decisão final, intimado o Promotor, será o processo, em cinco (5) dias, encaminhado pelo Procurador-Geral de Justiça ao Governador do Estado, para exoneração.

- O ato de exoneração é assinado pelo Procurador-Geral da Justiça, após o advento da CF/88.

Art. 14. Toda a correspondência referente ao estágio probatório será de caráter reservado e o expediente respectivo deverá ser mantido em regime confidencial.

Art. 15. Este Regulamento entrará em vigor na data de sua publicação e do Decreto que o aprovar, revogadas as disposições em contrário.

RESOLUÇÃO Nº 001/99 - CSMP

Disciplina o afastamento de membros do Ministério Público para freqüentar cursos no País ou no exterior.

O CONSELHO SUPERIOR DO MINISTÉRIO PÚBLICO DO ESTADO DO RIO GRANDE DO SUL, em sessão ordinária de 05/03/99, Processo nº 1607.09.00/95.3, considerando a necessidade de disciplinar os pedidos de afastamento dos membros do Ministério Público, previstos no art. 53, inciso III, da Lei Federal nº 8.625/93, para cursos diversos, fora das respectivas Comarcas,

RESOLVE editar a seguinte RESOLUÇÃO:

Art. 1º O afastamento das funções de membro do Ministério Público, para freqüentar cursos de pós-graduação ou aperfeiçoamento, depende de prévia autorização do Conselho Superior do Ministério Público, que analisará o pedido, tendo em conta a oportunidade, a conveniência e o interesse da Instituição, observados os requisitos desta Resolução.

Art. 2º O pedido de afastamento para freqüência de cursos de pós-graduação ou aperfeiçoamento, no País ou no exterior, será dirigido ao Presidente do Conselho Superior do Ministério Público e conterá minuciosa justificação da conveniência para a Instituição.

§ 1º O pedido deve ser apresentado com antecedência mínima de 60 (sessenta) dias da data do afastamento pretendido e deverá ser instruído com:

I - documento firmado pela autoridade competente da Instituição que promoverá o curso, comprovando a aprovação em processo seletivo, ou o convite e a aceitação do interessado, bem como, se for o caso, anuência do orientador.

II - plano ou projeto de estudo e o programa do curso ou seminário, com ampla descrição de sua natureza, finalidade, atividades principais e complementares, data do início e de encerramento, carga horária do curso (dias e horários), período das férias e, se for o caso, nome do orientador ou supervisor;

III - declaração de suficiência na língua estrangeira em que o curso for ministrado, se for o caso.

IV - certidão da data de ingresso do interessado no Ministério Público, do seu vitaliciamento e da progressão na carreira, comprovando possuir pelo menos 5 (cinco) anos na carreira;

V - termo de compromisso no qual deverá constar, sob pena de devolução dos subsídios percebidos no período, devidamente corrigidos, que o requerente continuará vinculado às atividades do Ministério Público, pelo prazo mínimo de 3 (três) anos, se o afastamento for de até um ano, mais o dobro do tempo que exceder um ano, se o afastamento for maior;

VI - certidão exarada pela Corregedoria-Geral do Ministério Público comprovando estar em dia com as atividades de suas atribuições e de não estar incurso em procedimento disciplinar, nem ter sido penalizado há menos de 2 (dois) anos e dia à data da apresentação do requerimento;

VII - documento no qual o interessado se compromete, em caso de não conclusão do curso, incluída a defesa de dissertação ou tese, a ressarcir o Ministério Público do valor correspondente à remuneração recebida no período do afastamento, salvo motivo plenamente justificado reconhecido pelo Conselho Superior do Ministério Público.

§ 2º O prazo a que se refere o inciso V do § 1º terá seu início no dia seguinte ao término do último afastamento.

§ 3º Excetuam-se das exigências do parágrafo primeiro os pedidos de afastamento para cursos, congressos ou seminários que não ultrapassem 30 (trinta) dias de duração, que serão autorizados diretamente pelo Procurador-Geral de Justiça.

§ 4º O pedido de afastamento deverá ser apreciado em até 30 dias a partir do seu protocolo na Secretaria do Conselho Superior do Ministério Público, sob pena de deferimento automático, caso a demora não tenha sido provocada pelo interessado.

Art. 3º Não será concedido afastamento para curso de Pós-Graduação oferecido por instituição não oficial ou não credenciada pelo Conselho Nacional de Educação ou, ainda, por universidade brasileira conveniada com universidade estrangeira cujo convênio não tenha sido reconhecido pelo ME-CAPES, ressalvado o interesse institucional;

Art. 4º Poderá ser concedido, mediante prévia justificação, prazo de 1 (um) a 3 (três) meses para a elaboração da dissertação ou tese, quando o membro do Ministério Público, sem afastamento de suas funções, tiver freqüentado curso de pós-graduação em sentido estrito.

Parágrafo único - Aplica-se ao *caput* deste artigo, no que couber, o disposto no art. 2°, seus incisos, e no art. 3°, desta Resolução.

Art. 5° O membro do Ministério Público afastado, nos termos desta Resolução, observará os seguintes preceitos:

I - encaminhará ao Conselho Superior, dentro dos 30 (trinta) dias subseqüentes, documento firmado por autoridade competente da instituição responsável, que comprove sua inscrição ou matrícula;

II - encaminhará ao Conselho Superior, trimestralmente, comprovante de freqüência fornecido pela Instituição de ensino;

III - encaminhará ao Conselho Superior do Ministério Público, semestralmente, relatório dos trabalhos de que tenha participado, e relatório conclusivo, para comprovação do aproveitamento, bem como cópia da dissertação ou tese elaborada;

IV - dedicar-se-á, mediante convocação da Administração, a atividades relacionadas com o motivo do afastamento.

§ 1° Em caso de não-cumprimento das condições especificadas neste artigo, o membro do Ministério Público terá seu afastamento suspenso ou cancelado e examinada sua conduta em procedimento disciplinar.

Art. 7° Poderá a Administração promover o aproveitamento do membro do Ministério Público afastado nos termos desta Resolução.

- Por um lapso, não consta o art. 6° na publicação do Diário Oficial.

Art. 8° Os casos omissos ou outros motivos serão decididos pelo Procurador-Geral de Justiça, *ad referendum* do Conselho Superior do Ministério Público.

Art. 9° Revoga-se a Resolução n° 30/96.

Art. 10. Esta Resolução entrará em vigor na data da sua publicação.

- A Resolução foi publicada no DOE de 12/3/99.

SÚMULAS DO CONSELHO SUPERIOR DO MINISTÉRIO PÚBLICO

Súmula nº 01/94

Não ofende o princípio da independência funcional a baixa de expedientes à origem para a realização de diligências ou investigações especificadas, tendo em vista formar o convencimento do Colegiado. O desatendimento constitui infração disciplinar. Referência: artigo 24, § 2º, "a", do Regimento Interno do Conselho Superior do Ministério Público.

Súmula nº 02/94

O compromisso de ajustamento está sujeito à revisão administrativa obrigatória pelo Egrégio Conselho Superior do Ministério Público, que poderá, antes de homologá-lo, baixar o expediente à origem para suprir, modificar ou inserir cláusulas, configurando infração disciplinar o desatendimento da decisão. Referência: artigo 5º, § 6º, da Lei nº 7.347, de 24/07/85, com a redação que lhe deu o art. 113 da Lei nº 8.078, de 11/09/90, combinado com o art. 24, § 2º, letra "a", do Regimento Interno do Conselho Superior do Ministério Público.

Súmula nº 03/94

As designações feitas nos termos do art. 28, do Código de Processo Penal, e do art. 9º, § 4º, da Lei nº 7.347/85, não ofendem o princípio da independência funcional, incorrendo o designado, em caso de descumprimento, em falta disciplinar, ressalvadas as hipóteses de suspeição e impedimento suscitadas na forma da lei.

Súmula nº 04/94

Não são cientificados os pré-sindicados para a sessão, por não haver acusação nesta fase, não podendo, tampouco, fazer sustentação oral, nem constar seu nome na pauta. Data da sessão: 03/10/95.

Súmula nº 05/94

É desnecessária a atuação do Revisor em expedientes de pré-sindicância. Data da sessão: 07/11/95.

Súmula nº 06/94

É desnecessária informação pela Divisão de Recursos Humanos da Procuradoria-Geral de Justiça, dos remanescentes de lista para remoção por merecimento. Data da sessão: 06/02/96.

Súmula nº 07/94

O Órgão de Execução deverá promover o arquivamento dos procedimentos originados das peças de informação e não simplesmente indeferir a instauração de inquérito civil, pela ausência de previsão legal desta última hipótese. Referência: artigo 10, parágrafo único, e artigo 11, "caput", do Provimento nº 006/96, que regulamenta o Inquérito Civil no âmbito do Ministério Público do Estado do Rio Grande do Sul (Processo nº 1009.09.00/98.4). Data da sessão: 06/05/98.

Súmula nº 08/94

Na remessa do Inquérito Civil e/ou peças de informações a exame do egrégio Conselho Superior do Ministério Público deverá constar, sendo o caso, no relatório, referência às providências adotadas em torno da matéria criminal. Data da sessão: 08/09/98.

O maior acervo de livros jurídicos nacionais e importados

Rua Riachuelo 1338
Fone/fax: **0800-51-7522**
90010-273 Porto Alegre RS
E-mail: info@doadvogado.com.br
Internet: www.doadvogado.com.br

Entre para o nosso mailing-list

e mantenha-se atualizado com as novidades editoriais na área jurídica

Remetendo o cupom abaixo pelo correio ou fax, periódicamente lhe será enviado gratuitamente material de divulgação das publicações jurídicas mais recentes.

✓ Sim, quero receber, sem ônus, material promocional das NOVIDADES E REEDIÇÕES na área jurídica.

Nome: _____

End.: _____

CEP: _____-_____ Cidade _____ UF:_____ .

Fone/Fax: _____ Ramo do Direito em que atua: _____

Para receber pela
Internet, informe seu **E-mail**: _____

_____
assinatura

133-1

Visite nossa livraria virtual na internet

www.doadvogado.com.br

ou ligue grátis
0800-51-7522

DR-RS
Centro de Triagem
ISR 247/81

CARTÃO RESPOSTA
NÃO É NECESSÁRIO SELAR

O SELO SERÁ PAGO POR

LIVRARIA DO ADVOGADO LTDA.
90012-999   Porto Alegre   RS